义

中华民族优秀传统文化故事读本

许瑞丽 ◎ 编著

立天之道，曰阴与阳；立地之道，曰柔与刚；立人之道，曰仁与义……

礼者，所以行之而备其条理……；智者，所以知之；信者，所以守之……；而所行、所知、所守，则仍不外乎仁义……

中国农业科学技术出版社

图书在版编目（CIP）数据

中华民族优秀传统文化故事读本. 义 / 许瑞丽编著. —北京：中国农业科学技术出版社，2017.1
ISBN 978-7-5116-2668-4

Ⅰ. ①中… Ⅱ. ①许… Ⅲ. ①品德教育—中国—通俗读物 Ⅳ. ①D648-49

中国版本图书馆CIP数据核字（2016）第 162652 号

责任编辑　穆玉红
责任校对　李向荣

出　版	中国农业科学技术出版社
	北京市中关村南大街 12 号　　邮编：100081
电　话	（010）82106626（编辑室）
	（010）82109702（发行部）　（010）82109709（读者服务部）
传　真	（010）82106626
网　址	http://www.castp.cn
经　销	各地新华书店
印　刷	北京富泰印刷有限责任公司
开　本	710 mm×1000 mm
印　张	7
字　数	150 千字
版　次	2017 年 1 月第 1 版　2020 年 7 月第 3 次印刷
定　价	28.00 元

◁◁◁版权所有·翻印必究▷▷▷

编著编委会

主　　　任：许瑞丽
副　主　任：董海霞　穆玉红
参与编写人员：董海霞　花　辉　刘　静　穆玉红　倪书刚　宋春艳　田苹苹
　　　　　　　王　梅　王培胜　武丽丽　熊联菊　许瑞丽　叶宏奇　赵　伟

前 言

　　国无德不兴，人无德不立。中华民族传统美德，经过了历代劳动人民的精神沉淀和提炼，植根于儒家理念基础，和天地有机有序结合，在顺应自然和人文发展规律的前提下，逐渐发展成为以"仁、义、礼、智、信"为最基本道德规范、民族特色鲜明的传统文化体系，其是人类进行物质生产活动和自身生存发展的客观要求，也是人们共同生活的基本的行为准则，它是人类社会道德关系的具有科学性的优秀遗产。

　　"仁、义、礼、智、信"是中国社会传统文化和思想体系建设宝库中极其珍贵的财产，是道德教育和行为规范的典范。在社会民众心理上，其有着无可替代的对于共同道德信念的权威感和归属感。虽然在漫长的封建统治过程中不可避免的为部分封建思想糟粕所渲染，但是经过提炼和甄选，其中绝大部分内容在当今社会仍具有普泛的意义和价值。当下，我们的传统文化体系和道德标准范畴不断被挑战和冲击，甚至有的媒体"娱乐至上"，为了博人眼球不惜篡改历史、扭曲人物形象，在青少年群体中间造成了恶劣的影响。开放的中国需要自己的文化自信，树立道德标准和典范，也是当下时代所需要的一种文化导向和社会责任。

　　习近平总书记指出："中华文明绵延数千年，有其独特的价值体系。中华优秀传统文化已经成为中华民族的基因，植根在中国人内心，潜移默化影响着中国人的思想方式和行为方式。今天，我们提倡和弘扬社会主义核心价值观，必须从中汲取丰富营养，否则就不会有生命力和影响力。""要利用好中华优秀传统文化蕴含的丰富的思想道德资源，使其成为涵养社会主义核心价值观的重要源泉。"

　　不忘根本才能开辟未来，善于继承才能更好创新。本书通过对以"仁、义、礼、智、信"为主线所凝聚的传统文化和故事进行创造性转化、创新性发展，以典型优秀品质为发散点，通过对相关的文化背景、基础知识进行串联普及、发掘、阐释和延伸，读故事，学礼仪，学知识，教化育人。在当代中国社会道德文明和核心价值观的建构过程中，借用"仁、义、礼、智、信"的形式，引导青少年树立和坚持正确的历史观、民族观、国家观、文化观，增强做中国人的骨气和底气。

目 录 | CONTENTS

文字溯源

- 仁义无敌 / 001
- 关公出世 / 006
- 刑天舞干戚 / 010
- 割肉饲鹰 / 012
- 墨翟救宋 / 013
- 羊左之义 / 015
- 冯谖焚券 / 017
- 赵氏孤儿 / 018
- 殖母遣子 / 020
- 义姑退兵 / 021
- 赵氏摩笄 / 022
- 刺客豫让 / 023
- 庞涓忘义害孙膑 / 024
- 二子乘舟 / 025
- 荆轲刺秦王 / 026
- 巨伯请代 / 029

- 宋弘念旧 / 031
- 关公秉烛 / 032
- 云敞葬师 / 033
- 仁义之家 / 036
- 大树将军 / 037
- 瘦羊博士 / 038
- 华容释曹 / 039
- 桃园三结义 / 042
- 身在曹营心在汉之关羽 / 044
- 身在曹营心在汉之徐庶 / 045
- 身在曹营心在汉之荀彧 / 046
- 祖逖避难 / 047
- 公义变俗 / 048
- 郑卢冒刃 / 049
- 袁升还妾 / 050
- 孝基还财 / 051
- 刘濠焚宅 / 052
- 仲淹义田 / 053
- 天祥衣带 / 055
- 朱元璋义气赢天下 / 057

- 翠梅甘虐 /060
- "不讲义气"的梁启超 /061

延伸阅读1
成语故事

- 义不容辞 /064
- 见利忘义 /065
- 义无反顾 /066
- 天经地义 /067
- 大义灭亲 /068
- 多行不义必自毙 /070
- 断章取义 /071
- 绨袍之义 /073
- 义形于色 /074
- 顾名思义 /075
- 灌瓜之义 /077
- 义重恩深 /078
- 舍身取义 /079
- 轻财重义 /080

- 不义之财 / 081
- 见义勇为 / 082
- 三谏之义 / 083

延伸阅读2

端午节：习俗背后的忠义故事

经典诵读

文字溯源

"义"作为道德条目,是由春秋时代的孔子和孟子等人,在继承和发展远古时代、唐尧、虞舜、夏禹、商汤、文、武、周公等人的尊贤、正义、公平、无私、禁民为非等思想的基础上,概括提升出来的侧重于处理君臣关系的道德规范和价值取向标准。目的在于实践其最高道德标准"仁"。因而儒家往往"仁义"连用。

"义",即古体"義"字。"义"起源于人的仪表、人际交往的友谊和追求美好、善良等需要。《说文解字》:"义,己之威仪也。从我从羊。""義"是会意字,从我,"我"就是离不开我,用我身上的观点去辨别是非,在人家需要时,及时出手,帮人家一两下,从羊,"羊"表祭牲,就是祭祀用的祭品,有自我牺牲的意思。所以"义"的本意是:符合道德的行为或道理,舍生取义表明古人为了重信义可以献出自己的生命。

而简化字,"义"虽然已失去原意,但是我们也可以这样理解,"义"就是"人"字出头,加一点,意思是在别人有难时出手出头,帮人一把。

我们还可以这样理解,"义"者,"宜"也。即做到合理、合法、合情,才是合宜的。另外,"义"者,"义务"也,也就是该做的一定做到,不做也是不义,这就是所谓的"义之所在,有所不惜"。

孔子最早提出了"义"。孟子则进一步阐释了"义"。他认为"信"和"果"都必须以"义"为前提。他们把"义"作为儒家最高的道德标准之一。"义"与"仁"并用为道德的代表,"仁义"是封建道德的核心,就是"仁至义尽"。《论语·里仁》:"君子之于天下也,无适也,无莫也,义之与比"。又:"君子喻于义,小人喻于利"。《孟子·离娄上》:"大人者,言不必信,行不必果,惟义所在"。

在传统道德规范体系中,"义"是一个重要规范,仅次于诸德之纲的"仁"。

儒家创始人孔子非常重视义,把义当成处理人际关系的基本原则。"义",在儒家道德里指的就是道义,是治国做人的原则,要求人的行为符合一定的社会生活准则和社会道德准则。"义"这个概念范畴,在孔子思想体系中之所以非常重要,不只在于它是对人的思想和行为进行价值判断的标尺或准绳,尤其在于这个标尺或说准绳实际上浓缩了孔子在政治上、道德上、伦理上的整体上的要求，并且涵盖了其政治道德伦理体系中每一个具体的方方面面，它实际是孔子思想价值观的集中体现。简而言之，"义"的基本内涵如下：

其一为中正守法，秉公办事。

中国人民历来就以正直廉明、为公谦敬著称于世，这与源远流长的中华传统文化的熏陶密切相关。中国传统道德十分推崇以道义为重，而行使道义，就应该崇尚公正，追求正义。"义者正也。何以知义之为正？天下有义则治，无义则乱。我以此知义之为正也。""仁，人之安宅也；义，人之正路也。旷安宅而弗居，舍正路而不由，哀哉！"可见，中正为行义之要。

行义以中正，就要求人要为人正直，清廉自守。历史上，清廉自守的光辉形象不乏其人。明代的于谦，他进京入朝时，题了一首诗，名叫《入京》，其中两句话"清风两袖朝天去，免得闾阎话短长。"这种正直廉明的精神无疑为我们树立了光辉的榜样。

行义以中正，还要求人廉洁奉公，不徇私情。我国民主革命先行者孙中山先生也是廉洁奉公、不徇私情的一代典范。孙中山先生当总统时，有人建议让曾经资助孙中山完成学业并资助其从事革命活动的他的兄长孙眉担任广东都督，孙眉也自以此为情理之事。可孙中山并未这样做，孙眉就责他"忘恩负义"。孙中山则说："家事可以听你的，国事却不能随便。管理众人的事你弄不好，勉强去做会误国事的。"这种正直廉明、为官清正、秉公执法、不徇私情的传统美德是值得我们大力提倡的。

其二为制事之宜，益于天下。

"义者，宜也。"所谓义，就是使人人各得其宜，各行其宜。"宜"，即应当、合理。《论语》中这样说道："君子之于天下也，无适也，无莫也，义之与比。""义之与比"就是用"义"作为比照，作为法则。孔子的话翻译过来也就是说，君子对天下事，不刻意强求，不无故反对，没有薄没有厚，没有远没有近，没有亲没有疏，一切按道义行事。这里的道义就是指行事的原则和标准。"义"，还指代其他道德规范的准绳。孔子曾对他的学生子路说过这样的一句话："君子义以为上。君子有勇而无义为乱，小人有勇而无义为盗"。意思是说，君子崇尚勇敢并没有错，但这种勇敢是有约制的，有前提的，这个前提就是"义"。有了义字当显得勇敢才是真正的勇敢。否则君子会以勇犯乱，一个小人会因为勇敢沦为盗贼。"义"在此时就有约束其他道德规范的功用。孔子说:"以约失之者,鲜矣!"一个人内心有所制约,就会在行为上减少过失。

依义行事,做到恰当适宜,符合道义而为之,不符道义而弃之。在现代社会,"义"也从古代的道德范畴上升到了具有国家法律效力的道德规范,代表着正义、公平、公正。但"君子喻于义,小人喻于利。"君子不食嗟来之食,不取不义之财,为人做事以理为先,有着公正、公平、正义的心怀等"义"的理念,始终具有着蓬勃的生命力。

讲到"义"必然要涉及"义"与"利"的关系。需要指出的是,儒家虽然重视"义利之辨",但并不一概反对群体或个人对利益的合理追求。孔子说:"富与贵,是人之所欲也。"荀子说:"好利恶害,是君子小人之所同也。"但是儒家强调,追求利,追求个人的自由发展,应该有个底线,这就是义与不义,不能以不义的手段追求利。

儒家的"义利观",与市场经济社会以每个人追求个人利益最大化为驱动力的基本原理之间,看起来好像是矛盾的,但它其实恰恰是完善的市场经济社会不可或缺的补充和保障。如果没有基于"义"的道德、法律原则作为底线,人们对利的追求就会是不择手段的,最终受到损害的必然是所有人的利,这样的市场经济决不可能是完善的市场经济。

◎ 仁义无敌

很久以前,有一个叫关仁义的员外,人如其名,他待人特别仁义,村里人几乎都受过他的恩惠。

这一年隆冬,关仁义从外地收账回来,走到一个叫香炉山的地方,忽见悬崖边一棵树上挂着一个人,关仁义忙把那人救了下来,带回家中。那人醒来后说,自己是走单帮的商人,半路上遇到一伙歹人,银子都被他们劫去了,自己也被抛下山崖……

关仁义叹了口气,商人所说的歹人,就是附近香炉山上的土匪。以前他们从不侵扰周围百姓,最近却兔子吃起了窝边草,连着抢劫了山下好几个村庄,当地百姓都谈"匪"色变。商人遇到他们,能活过来就算是命大了。

几天后,商人能下床了,但由于伤势太重,落下个驼背。关仁义把他收留在家中帮工,大家都叫他"驼子"。

很快到了端午节,这天,外地有一伙杂耍班到村里来献艺,他们带来各种绝技,最绝的是"踩芯子":一个六七岁的小孩,站在十几米高的杆子上,脚底下踩着一个花瓶,还能做出各种惊险动作,唬得大家惊叫连连。杂耍班围着村子转了半天,在关仁义家门口停留的时间最长,关仁义十分高兴,给了他们不少赏钱。

杂耍班刚走,驼子就把关仁义拉到一边,低声说:"主人,你惹眼了!"

关仁义不由吃一惊,当地话里,"惹眼"是指露白显富、财产被盯上了。驼子接着说:"刚才那些杂耍的,其实是香炉山上的土匪。那个踩芯子的,站在高处把你家尽收眼底,做的那些动作都是暗号,现在你家有几间屋几道门,人家都摸得一清二楚了。"

关仁义听罢吓了一跳,忙问驼子:"你怎么就知道他们是土匪？"驼子说："我曾被那帮土匪劫过，到过他们山寨，那些人我自然认识。今天我在抬芯子的人里看到一个一只眼的，他就是土匪的大当家，独眼龙老海。"

关仁义倒吸了一口凉气，突然，他想起了什么，说："可是我听说，香炉山的大当家不是独眼龙老海呀，好像叫什么飞天蜈蚣龙庆。"

驼子想了想，说："具体内情我也不知道，我被劫的时候，发号施令的就是那个一只眼的老海。"

关仁义听罢没了主见，驼子就让他把乡亲们召集到打麦场。乡亲们听后也很惊慌，这时，驼子站了出来，说他有一条妙计，能把土匪打退。

驼子的计策很简单，就是炒钉子。先派人去镇上买来了好几筐子铁钉，然后全村家家户户在自家的铁锅里炒钉子，从入夜开始炒，炒热的钉子用簸箕兜着，撒在村口的路上，接着再回去炒，就这样一直不断地炒……

听了驼子的"妙计"，乡亲们纷纷表示，若真能把土匪打退，就是一夜不合眼也要把钉子炒好，谁偷懒就不是人！

当天夜里，关仁义没敢合眼，趴在一棵树上听动静。等到二更天，果然听到路上有马蹄声。土匪真的来了，关仁义的心提到嗓子眼。只听马蹄"嘚嘚"，土匪们一路上一点阻挡也没有，等到快进村子了，突然听到一声马嘶，接着又有好几匹马嘶叫起来，再往后就乱了套，有马匹踩踏碰撞的声音，有人群跌倒喊叫的声音，还有几匹马不知中了什么邪，一头栽进了路边的河里。

那些土匪觉得奇怪，就点起了火把，可火把刚一亮，一支箭就飞了过来，接着村里响起了锣鼓声和喊叫声。土匪们不明白发生了什么事，心里一慌，就如退潮的水，一下子就没了影儿。

等土匪走了，村里亮起火把，关仁义走到村口一看，进村的那段路上铺满了钉子，上面有很多凌乱的马蹄印，他顿时明白了：钉子被炒热了，铺在路上，马踏上去，钉子扎进马蹄，又烫又疼，马一乱，人自然也就乱了……

大家见这么容易就把土匪吓跑了，都很高兴，不料驼子却叹了口气，说："大家先别忙着高兴，更大的祸事还在后头呢！我刚才那一箭，本想把独眼龙老海射死，让土匪群龙无首，结果却让他躲过去了。等他们回过神来，一定不会善罢甘休。"

关仁义一听，又没了主意。驼子说："主人，现在只有让官军把土匪剿灭，才能绝了后患，这事我必须亲自去一遭。"

关仁义瞪大了眼睛："就你？"关仁义并非不相信驼子，只是那帮土匪太狡猾了，以前官府也曾进山剿匪，可香炉山地势复杂，官军来了，土匪就躲进深山，官军连个人影也找不到。

驼子对关仁义说："时间紧迫，我要在他们杀回来之前赶到县城，和官府联络。"事情到了这个地步，关仁义也不多问了，说："我马厩里有很多快马，任你挑选！"

驼子却说："马跑得太慢，我要借主人簸箕一对。"

用簸箕就能跑得快？关仁义觉得奇怪，他顾不上问，便叫人拿出家里所有的簸箕让驼子挑选，驼子挑了半天竟没一个中意的，于是乡亲们把自家的簸箕都拿来了。驼子围着那些簸箕转了一圈，心中有了数，对关仁义说："主人，这些簸箕上都有烧糊的痕迹，可见乡亲们炒钉子都尽了力，这是他们感念你的恩德，在报答你啊，冲着你的仁义，我就是死也值了。"

说罢，驼子拿过一对簸箕，往胳肢窝里一夹，就如凭空长出了一对翅膀。他向前猛走几步，两手奋力呼扇着簸箕，借着那股风，脚不点地，转眼就奔出老远。大家都没见过这等神奇的轻功，望着驼子的背影发了半天呆。

驼子走后没几天，县城里就传来消息，官府找到了香炉山众匪藏身的洞穴，把他们一网打尽。除了祸根，全村人都很高兴，大家说，一定是驼子起了作用，驼子是全村的大恩人呀！

过了几天，城里又传来消息，那些土匪要开刀问斩了。关仁义和乡亲们听说后就赶到县城，远远看见推来了很多囚车，关仁义挤进人群，一见打头的那辆囚车，顿时吓了一跳——那辆囚车里关着一人，竟然就是驼子！关仁义和乡亲们不敢相信自己的眼睛，愣了半天，才赶上前去，关仁义跪在囚车前，问道："恩公，你这是怎么了？"

驼子睁开眼，苦笑了一下，说："主人，你终于来了，我这是罪有应得呀！现在瞒也瞒不住了，我就是香炉山上的大当家，飞天蜈蚣龙庆！"

原来，驼子真的就是大当家龙庆，他有一种奇特的轻功，所以江湖人称"飞天蜈蚣"。龙庆当初迫于无奈，领着弟兄们落草为寇，他定下规矩，只打劫为富不仁的富户和贪官，对附近百姓秋毫无犯。一年前，龙庆在雪地里救下一人，就是独眼龙老海。老海城府极深，很快爬到二当家的位子上，他瞒着龙庆，领着弟兄们到处打家劫舍，弟兄们尝到了甜头，都对他死心塌地了。龙庆知道后很是恼怒，老海便先下手为强，设毒计谋害龙庆，多亏龙庆坠落悬崖时被一棵大树挡住，又被关仁义及时救下，这才捡回一条命来。

龙庆流着泪说："我不想看着兄弟们残害乡亲，没办法，只好领着官军去了他们的藏身之处……"

关仁义哽咽道："恩公，你是个好人呀，如果没有你，土匪还不知要祸害多少人呢。我马上禀告县令大人，全村联名担保，免你一死！"

龙庆却摇了摇头，说："不必了，是我自愿领死的，我弟兄中还有些不懂事的孩子在狱中，是我用一条命换他们不死的。主人，我还有最后一事相求：等他们出狱后，请你像收留我一样收留他们,别让他们再误入歧途。"

关仁义流着泪答应了。

行刑的时候到了,几十颗人头落了地,关仁义将龙庆的遗体装殓起来,全村用最隆重的葬礼将他安葬了。

不久后,村里建起了一座庙,庙里供着的神有些奇怪,那神的肋下有一对怪模怪样的东西,像是一对翅膀,仔细一看,原来那是两个簸箕。人们都把那座庙叫作"簸箕庙",里面的神自然就是"簸箕神"了。据说,从此以后,他就成了保佑当地风调雨顺、五谷丰登的最灵验的神。

◎ 关公出世

早年，在山西蒲州城南山脚下有眼深不见底的山潭，山潭旁有座庙。庙中的老方丈普修除了每天给徒弟们讲诵佛经外，闲来还喜欢抚琴下棋。

每逢老方丈抚琴，总会有个十八九岁的俊美少年来到庙中静静聆听，有时还会过来下几榷棋。一来二去熟了，老方丈就问少年是哪里人。少年告诉方丈，他家就住在山下的庄里，因喜爱琴棋，所以每次都不由自主地来了。

一夜，普修方丈正在打坐念经，忽觉烛光一暗，那常来听琴下棋的少年站在了老方丈的面前。少年说："老禅师，我此趟特来拜别，从今往后，咱们恐怕再难见面了……"老方丈惊问怎么回事，少年说："事到如今，我就和您实说了吧。俺本是庙后山潭里的露水龙，因不忍见蒲州百姓遭灾，就违抗玉帝那道'三年不给蒲州降一滴雨雪'的旨意，夜夜在蒲州上空播雾吐露。虽蒲州这三年来雨雪皆无，却是地润苗青，井河有水，天旱地不干，蒲州连着三年都是丰收之年。玉帝知道此事后降罪下来，要在明天午时三刻将我绑在斩龙台雷电劈死。"

"哎呀！这可如何是好？"老方太听少年说完，急得从蒲团上站起，一把拉住少年问："就没有解救你的法子了吗？"少年想了想说："有一办法可救我，就怕您嫌难……""看你说的，你为救全蒲州百姓死都不怕，俺救你一人还怕烦难吗？快说是什么法儿！"少年说："明日你准备好一口瓦缸和三斤棉花，到庙后山潭边等着，天到午时，三声炸雷响过，山潭中就会有血沫子冒上来，你就用棉花沾血沫子装在瓦缸里，把血沫子沾完，就把缸口封好盖紧，搬回放在大殿里。然后，每天带领众徒弟坐在瓦缸四周念经，等七七四十九天一过，咱们就能又相见了。"话没落音,少年杳然不见。

第二天,老方丈按少年所说,准备好瓦缸和棉花,到庙后山潭边等候。天刚到午时,忽然天空乌云翻滚,霹雷闪电交加。"轰轰轰"三声炸雷过后,山潭里果然冒出满潭红血沫子。老方丈赶紧拿棉花沾血沫子往瓦缸里装,三斤棉花沾完,血沫子也没有了。老方丈就把瓦缸搬回大殿,每天带领众徒弟坐在瓦缸四周念经。

到了第四十八天,忽然天空炸雷声响,雷电围着大殿上空不住轰响。只听"轰隆"一声,大殿被震塌了一角,瓦缸也震裂了一道口子。老方丈赶忙脱下袈裟去包缸,忽听缸中传出婴儿哭声,掀缸盖去看,一道闪电也跟着劈了下来。说时迟那时快,不知从哪飞来一只金光闪闪的彩凤,双翅一展挡住闪电,护住了瓦缸中的婴儿。彩凤被击得掉下几片金羽,歪歪倒倒出了大殿飞走了。老方丈见是金羽神凤救了婴儿的命,就给婴儿起名叫羽,又因他是露水龙转生,心想腾云驾雾的龙在云端里又大又长,便叫他云长。

话说羽在庙中长到八九岁,这天趁老方丈外出化缘不在庙中,就偷偷溜到蒲州城中玩耍。刚进城,就看到一恶少当街调戏民女,小羽儿气不打一处来,上前拦阻恶少。那恶少欺他是小孩,一把揪住就想打。羽虽然年幼,却不是凡胎,那恶少哪里打得过龙种,三两下就被羽揍得趴在地上不能动弹,只有出气,没有进气了。

这下可闯祸了,原来这恶少是蒲州县衙的儿子。羽才回到庙里,就有一大帮如狼似虎的衙役追到了,刀枪棍棒齐举,围住庙门,威逼老方丈交出小孩。老方丈心想:"只要一交出羽儿,他小命就没了。"于是赶紧来到庙中拉住要出去拼命的羽说:"双拳难敌四手,况你一小孩,哪能敌过那群拿着兵器的恶奴?快!快从大殿后角门下山,逃命要紧!"

话说羽出了寺庙,顺山路急急往前奔。忽听身后呼喊阵阵,那伙恶奴追上来了。慌忙间,忽见山路旁现出两间茅屋,一老妇正坐在屋前纺线。羽一头扎进老妇人怀里说:"奶奶救命!后面有人追杀我!"老妇人面露微笑,拍拍怀中的羽说:"不怕,不怕,俺替你拦住他们。"说完就把羽领到屋内,端过一碗水让羽喝了,又叫他躺在床上,拉过被子连头带脸盖严,对羽说:"不管外面有多大动静,你都只管睡,别睁眼,也别出声。"

众恶奴追过来,团团围住了茅屋。一恶奴问老妇人:"有个小孩躲你屋里去了吧?"老妇人说:"俺就在门口纺线,没见有小孩进俺屋。""胡说,俺们明明看见进你屋了,走,进去搜!"说着,众恶奴就要往茅屋里闯。"慢!"老妇人伸手一拦说:"搜着怎么说?搜不着怎么办?""哼!要是搜着了,小孩俺们带走,茅屋也给你烧了;搜不着,俺们任你处置。""好,要是搜不着,你们每人给老身磕三个响头!"

众恶奴进了茅屋,茅屋就一明一暗两间,一眼看到边。外屋没有,又来到里屋,一看床上睡个人,蒙头盖脸的,一恶奴冷笑两声问:"这床上睡的是谁?"老妇人略显慌张地说:"那是俺儿,有病,正发汗呢。你们可不能乱掀被子,耽误俺儿发汗。""你儿子?你儿子多大了?姓啥?叫啥?"老妇人用手指指被说:"俺儿今年二十三了,俺姓关(观),俺儿叫关(观)公。"

"是不是你儿,看过再说。"众恶奴上前,一把掀起被子,一看,一个身高八尺,面如红枣的大汉,正双眼紧闭躺在床上,哪有什么小孩?众恶奴面而相觑,呆愣半天,然后转身想走。"慢!"老妇人面罩寒霜似的说:"俺儿有病正在发汗,你们非要掀被,误了俺儿病情,说走就走吗?"众恶奴想强往外闯,谁知老妇人用手一点,众恶奴身不由己跪了下来,每人磕了三个响头,灰头土脸地跑了。

恶奴走后,老妇人来到床前,拍拍羽说:"恶人走了,还不快起来？"羽睁开眼，觉得这一觉睡得真甜，一伸胳膊和腿：哎哟！怎么胳膊、腿变长了？手脚也大了？赶忙端盆水一照，盆里映出的是个红脸大汉，颌下还有黑须，那个白白胖胖的娃娃哪去了？云长又惊又怕，急问老妇人自己怎么变样了。妇人笑笑说："羽儿，你该长大了，不长大谁去扶保刘备打江山？快下山去吧，需牢记'忠义'二字，为国为民尽心尽力，将来定封侯拜将，名震天下。来，我再送你一件兵器。"老妇人双手往上一托，一柄大刀横在手中，她把刀交给云长说："此刀名为'青龙偃月刀'，万军之中，可斩上将人头。记住，刀在人在，刀毁人亡！你看那边谁来了——"老妇人往门外一指，云长一回头，身后一朵祥云冉冉升起，茅屋也不见了。云端里，观音把拂尘一挥，升天而去。云长赶忙跪拜菩萨救命赐刀之恩。

从此，云长以菩萨所赐关（观）字为姓，以普修老方丈所选之字为名，姓关名羽、字云长。由于当时瓦缸破裂是在第四十八天，离七七四十九天还差一天，见光见早了，所以后来关公老是眯着眼，睁不圆，一睁开就成了丹凤眼。他一生牢记"忠义"二字，为保刘备立下不世奇功。死后，人们尊他为关公、关帝，并为他修庙、塑像，永享香火。

◎刑天舞干戚[1]

刑天是炎帝的大臣，好狠恃勇，不畏战斗。他力劝炎帝举兵拒抗黄帝，与黄帝争夺天下统治权。但年老的炎帝拒绝发兵打仗。刑天失望地离开炎宫。刑天的好战精神来了，决定独自行动，他握盾执斧，向黄帝的宫殿中央天庭杀奔而去。天崩地裂地一声怒喊，威风凛凛的黄帝亲自出殿来迎战了。刑天转过身来，寒光一闪，黄帝的宝剑已到，刑天忙用左手盾牌抵住剑锋，右手挥起板斧砍将过去。一场大战开始了。黄帝沉着应战，施展他那变幻莫测的齐天剑法，一路一路向刑天扫刺挥劈，刑天以攻为守，车轮旋转似地砍杀过去。

黄帝虽说身经百战，神力无穷，这时碰上勇力无比的刑天，也不免有些气虚力亏，他边战边退，一直退到常羊山下。到了常羊山下时，黄帝突然收住宝剑，跳出圈外，对刑天说，山下地方太小，不如我们到山顶上决斗。刑天想都没想，大踏步朝山上走去。哪知这是黄帝的计谋，刑天还没走两步，说时迟，那时快。黄帝的宝剑已到，直向刑天的头颈斜劈过去。只听得"嚓"的一声，刑天那颗象小山丘样的巨大的头颅，就跌落在山坡上了。刑天一摸颈子上没有了头颅，心里发慌，忙把右手的板斧移给左手握着，蹲下身来伸手向地上乱摸。黄帝惟恐刑天摸着了头颅，在脖子上合拢来，赶忙提起手里的宝剑，竭尽全力向常羊山劈去。"哗啦"一声，常羊山一劈两半。那头"骨碌碌"竟滚进了两山之间。轰隆隆一声巨响，大山竟然重又合拢了。刑天知道抬头无望，无限悲愤地慢慢站立起来，冤怒之气从体腔中冲出，凝成乌云，久久不散。他拿乳头当眼

---

[1] 干戚：干（盾）和戚（武器）

睛,肚脐作嘴巴,继续挥舞板斧盾牌,至死不屈地向敌人继续战斗。

原文

《山海经·海外西经·形天与帝争神》载:形天与帝至此争神,帝断其首,葬之常羊之山。乃以乳为目,以脐为口,操干戚以舞。

延伸阅读

读山海经·其十

陶渊明

精卫衔微木,将以填沧海。
刑天舞干戚,猛志固常在。
同物既无虑,化去不复悔。
徒设在昔心,良辰讵可待。

◎ 割肉饲鹰

释尊有一次外出，正好遇到一只饥饿的老鹰追捕一只可怜的鸽子。鸽子对老鹰说："你放过我吧！你现在是在捕食，错过我还有下一个；我现在是在逃命，我的命可只有一条呢。"

老鹰说："我何尝不知道你说的道理！但我现在饿坏了，不吃了你我也没法活。这个世界大家活着都不容易，不逼到绝路上我也不会紧追不舍的。"

释尊听了慈悲心起，就把鸽子伸手握住，藏在怀里。

老鹰怒火中烧，只好跟释尊理论说："释尊你大慈大悲，救了这鸽子一命，难道就忍心让我饿死吗？"

释尊说："我不忍你伤害这无辜的鸽子，也不想你白白饿死。有道是我不入地狱，谁入地狱。"

于是释尊就取出一个天平，一边放鸽子，另一边放上从自己身上割下的肉。

这鸽子看上去虽小，但无论释尊怎么割、割多少肉似乎都无法托起它的重量。

当释尊割下最后一片肉的时候，天平终于平衡了！

天地风云为之变色，真正的佛祖诞生了。

点评

原文见《贤愚经》和《六度集经》，"割肉饲鹰""投身饿虎"等故事，很明显是当时的统治阶级为了迷惑大众而编造的神话故事，但其中舍身取义的教化意义仍有一定的正向作用。

◎ 墨翟救宋

墨子，名翟，春秋时期墨家学派创始人。他主张人与人之间平等相处，反对侵略战争。墨子怀抱救世的愿望行义天下，认为只有义才能利民、利天下。所以，他以一个苦行僧的形象周游列国，不仅极力宣传他的学说主张，而且尽力制止一切不义之事，真可谓见义勇为。

公元前440年前后，墨子约29岁时，楚国准备攻打宋国，请天下有名的巧匠公输般，为楚国制造了一种叫云梯的攻城器械。楚王想要用这种器械攻打宋国。墨子当时正在鲁国，听到这个消息后立即动身，走了十天十夜直奔楚国的都城，去见公输般。

墨子对公输般说："北方有人侮辱我，我想借你之力杀掉他，请允许我送你十镒黄金作为报酬。"公输般很不高兴，他说："我义度行事，决不去随意杀人。"墨子起身向公输般拜揖说："我听说你造了云梯，用来攻打宋国。宋国有什么罪呢？楚国的土地有余而人口不足，现在牺牲本来就不足的人口，去争夺自己已经有余的土地，这不能算是聪明。宋国没有罪而去攻打它，不能说是仁。你明白这些道理却不去谏止，不能算作忠。你不杀一人而准备杀宋国的众人，确实不是一个明智的人。"公输般认为墨子说的很对，但觉的已经答应了楚国，不好反悔。墨子请他引见去见楚王，公输般答应了。

墨子见到楚王，晓以大义，说的楚王心服口服，但楚王还是说："公输般为我制造了云梯，我一定要攻打宋国。"

墨子于是解下腰带围作城墙，用小木块作为守城的器械，要与公输般较量一番。公输般几次设置了攻城的妙计，墨子则全部加以抵御，公输般只好认输，但却说："我已经知道该用什么方法来对付你，不过我不想说出来。"墨子说:"我也知道你用来对付我的方法是什么,我也是不想说出来罢了。"楚王问两人到底在说什么,墨子说:"公输般的意思不过是要杀死我,杀死了我,宋国就无人能守城,楚国就可以放心的去攻打宋国。可是我已经安排了我的学生300人,带着我设计的守城器械,正在宋国的城墙上等着楚国的进攻呢?所以,即使杀了我,也不能杀绝懂防守之道的人,楚国还是无法攻破宋国。"于是,楚王放弃了进攻宋国的打算。

　　墨子成功的劝阻了楚王,便起程回鲁国。途径宋国时,适逢天降大雨,于是想到一个闾门内避雨,看守闾门的人却不让他进去。殊不知,正是墨子刚刚挽救了宋国,使宋人免遭灭顶之灾,实在是宋国的恩人。宋人却毫不知情,而墨子也不求任何回报。

◎ 羊左之义

春秋时候，楚元王崇儒重道，招贤纳士，天下人才闻风而归。

西羌积石山有一位贤士左伯桃，年近四旬，自幼父母双亡，勉力读书，胸怀济世之才，安民之志，因中国诸侯互相吞并，行仁政者少，恃强霸者多，一直没有出仕。后来听说楚元王慕仁为义，遍求贤士，左伯桃乃携书一囊，辞别乡中邻友，迳奔楚国而来。迤逦来到雍地，时值严冬，雨雪霏霏，寒风刺骨，左伯桃衣裳尽湿。

天色渐晚，他望见远处竹林里的茅屋之中，透出一点光亮。伯桃大喜，忙跑到这茅屋前去叩门求宿。不想，屋主也是一介书生，名叫羊角哀，自小也是父母双亡，平生只好读书，立志报国救民。二人谈得十分投机，可谓相见恨晚，便结拜为异姓兄弟。

左伯桃见羊角哀一表人材，学识又好，就劝他一同到楚国去谋事，羊角哀也正有此心思，遂带了一些干粮一起往楚国而去。晓行夜宿，眼看干粮将要用尽，天又降大雪，道路难走。左伯桃兀自思量，这点干粮若供给一人食用，勉强尚能到得了楚国。

他知道自己学问不如羊角哀渊博，便情愿牺牲自己，去成全羊角哀的前程。想罢，便故意摔倒地下，叫羊角哀帮忙搬块大石来坐着休息。等羊角哀把大石搬来，左伯桃已经脱得精光，裸卧在雪地上，冻得只剩一口气，羊角哀大恸而号。左伯桃叫他把自己的衣服穿上，把干粮带走，继续前行去楚国谋事。言毕即死。

羊角哀来到楚国，得由上大夫裴仲荐于元王，元王召见羊角哀时，羊角哀上陈十策，元王大喜，拜羊角哀做中大夫，赐黄金百两，绸缎百匹。羊角哀弃官不做，要去寻左伯桃的尸首。寻着之后，羊角哀为左伯桃香汤沐浴，择一块吉地安葬，并留下守墓。

不想，此地与荆轲墓相隔不远，相传荆轲因刺秦王不中，死后精灵不散。一夜，羊角哀梦见左伯桃遍体鳞伤而来，诉说荆轲的凶暴。羊角哀醒来之后。提剑至左伯桃坟前说道："荆轲可恶，吾兄一人打不过他，让小弟来帮你。"说罢，自刎而死。是夜，狂风暴雨，雷电交作，隐隐闻喊杀之声。至天明，发现荆轲的坟爆开了。

消息被楚元王知道之后，感其义重，给他们立了一座忠义祠，勒碑记其事，至今香火不绝。

◎ 冯谖①焚券

诗曰：冯谖弹铗②，客于孟尝，收债市义，焚券免偿。

战国时，齐国有个冯谖。《战国策》记载：冯谖家比较贫困，寄食于孟尝君门下，终日粗茶淡饭。冯谖怀才不遇，牢骚满腹，靠在柱子上弹铗唱道："长铗归来兮，食无鱼牕③。"孟尝君得知，吩咐总管给他鱼吃。不久，冯谖又弹铗唱道："长铗归来兮，出无车牕。"孟尝君又让总管给他车子。过了一段时间，冯谖第三次弹铗唱道："长铗归来兮，无以为家牕。"孟尝君再次派人供他老母衣食。冯谖弹铗索要待遇，丝毫没有降低其名士的风流。冯谖从此不再弹铗，尽心竭力为孟尝君做事。

有一次，冯谖替孟尝君到薛地去讨债，他假传孟尝君的命令说，凡是百姓们欠的债，都不用还了，然后又把全部的债票当着百姓们的面统统烧掉才回来。孟尝君看见冯谖回来了，就问："债都收完了吗？为什么回来得这样快呢？"冯谖回答："收完了。"孟尝君又问冯谖买了什么回来？冯谖回答："买了'义'回来，我看你的府上，金银谷米绫罗绸缎，都是富足得很，只缺了'义'，所以我替你买了稀有的东西回来。"孟尝君听了，勉强应了一声。

后来孟尝君不做齐国的相国了，他门下所有的食客都走了，幸亏有冯谖出谋划策，孟尝君才再次做了齐国的相国，并安居高位数十年。

---

① 谖：xuān。
② 铗：jiá，剑把，"弹铗"以引起别人注意。
③ 牕：chuāng，同"窗"。

◎ 赵氏孤儿

晋景公年间，大将军屠岸贾设计陷害大夫赵盾，将赵盾和他的儿子赵朔、家属、奴婢等共计三百余口在一夜之间满门抄斩，惟有赵朔的夫人庄姬公主，因在内宫躲藏才幸免于难。

公孙杵臼和程婴是赵朔的门客，公孙杵臼质问程婴："你为什么苟且偷生？"程婴说："赵朔之妻有遗腹，若万幸是男，我就奉养他以报仇，若不幸是女，我再死不迟。"不久，庄姬公主生下一男，取名赵武，但屠岸贾封锁了内宫，反复地搜索，危在旦夕。程婴以看病为名，扮作医生，将赵武藏于药箱之内，欲将孩子带出。守将韩厥发觉，但惜程婴忠义，随放走程婴和赵武，然后拔剑自刎。

屠岸贾查不到赵氏孤儿，遂命将把全国半岁以内的婴儿全部杀光。

程婴和公孙杵臼心想：屠岸贾找不到孩子，孩子就永远不能安宁，而且还要连累更多的孩子，焦虑万分。公孙杵臼问程婴："将孩子抚养成人和死，哪件事容易？"程婴回答："死容易，抚养孩子难。"公孙杵臼就说："赵君待你不薄，你去做最难的事，容易的事情就让我来做吧。"

程婴的儿子恰好与赵武年纪相仿，于是俩人设计，将程婴的儿子和赵武交换，由公孙杵臼携带程婴的儿子冒充赵武，躲进深山，然后再让程婴告密，以取得赵武的安全。

程婴带屠岸贾在深山之中找到了孩子和公孙杵臼，程婴眼睁睁的看着自己的孩子被摔死在石头之上，痛不欲生。公孙杵臼担心看出破绽，指着程婴破口大骂，扑向程婴，随即被乱刀砍死。

程婴领了赏金，假借无颜面见相邻，带着赵武躲进了深山隐居起来。程婴忍辱负重，用尽心血教育赵武，将赵

武培养成了文武双全的青年。并设计让赵武认屠岸贾为父，终于在大将军魏绛的鼎力相助下，赵武亲手杀死了仇人屠岸贾，并告之自己便是他斩不尽、杀不绝的赵氏孤儿。

赵氏冤情大白天下，赵武继承了先人的官爵，程婴却没有去享受荣华富贵，他对赵武说："以前赵氏蒙难，众人都能舍身而死，而我没有死，是为了辅助赵氏之后，今赵武已立，我就要到地下向赵氏先祖和公孙杵臼汇报。"赵武涕泣顿首固请，程婴说："他们认为有能力完成大事，顾先与我死，今我已成事，如不报之于他们，他们会以为我不成功呢。"遂来至公孙杵臼墓前，拔剑自刎。赵武为此服孝三年。

后人将程婴和公孙杵臼合葬在一起，称为"二义冢"。

◎ 殖母遣子

周朝齐国勇士杞殖的母亲，是一个慷慨并且明白大义的人。她的儿子在齐国是有力气闻了名的。有一次，齐侯想去攻打卫国，就设定了有五辆车子的宾客。这个意思就是表示着这班宾客都是很勇敢的。可是杞殖和另外一个勇士名叫华旋的，都不在这班宾客的里面。杞殖觉得这是平生的大羞耻，于是回到了家里，因为生闷气就不肯吃东西。他的母亲见了他这个样子，就说道：你假使活着在世界上，没有行义的行为，死了没有好的名誉。那么即使给你排在有五辆车子的宾客里面，人家哪一个不来笑话你呢？假若你活着有了行义的行为，死了又有那好的名誉。那么有了五辆车子的宾客，都在你的下面了。就赶紧叫他吃着饭，又依旧叫他跟了齐国的军队去攻打卫国。等到两国开战的时候，杞殖同华旋两个人首先攻进敌军里。齐国的军队，也在后面跟着进去，于是把卫国朝歌的地方夺了来。

◎ 义姑退兵

鲁义姑，姓氏已失传，系春秋时鲁国之农妇。一次齐国发兵攻鲁，遥见郊外有一妇人，怀抱一子，手携一子，匆忙逃避。当齐军渐及时，妇人慌忙丢下怀中小儿，抱起领着的孩子，向山林中疾奔。齐将见此心中甚疑，催马拦住妇人，追问究竟。妇人回答："现怀中所抱，乃是兄长之子；丢弃者，乃是自己所生。"当齐将询问她何以弃亲生而救侄子时，妇人从容答道："抛弃己子，仅是我自身悲痛；而保全兄长的骨肉，却是举族的大义。当事难两全，我不能因爱而舍弃公义。齐将闻听深受感动。感叹道："鲁国不能侵伐啊！一个弱妇子尚知舍己救人，不以私害公，更何况朝中的大夫呢？"于是奏明齐君，卷旗退兵而去。鲁君闻知此事，下令赏赐妇人束帛，尊之为"鲁义姑"。

> **延伸阅读**
>
> 鲁义姑的义行久为后世所称颂，汉代刘向将其事迹采入《列女传》中，古本《列国志》中也有《鲁村姑秉义全社稷》的回目。元代戏曲家武汉臣更以此为题材，创作了《弃子全侄鲁义姑》杂剧。

◎ 赵氏摩笄

周朝时候，代国国君的夫人赵氏，原是晋国大夫赵简子的女儿、赵襄子的姐姐。赵简子死了，赵襄子趁机以奔丧的名义请了代国的国君来，一同饮酒。暗地里安排厨子拿了铜勺子倒酒，在宴席上，用铜杓子就把代君打死了。同时又派兵把代国给灭了，把代国的土地纳入赵氏的版图。这个时候，赵襄子再去迎接他的姐姐回来，并劝姐姐改嫁。赵氏面对她的亲弟弟，叹口气说，我虽然是一个妇人家，但是还得懂得基本的规范的。为了弟弟的缘故，就怠慢了丈夫，这不是有义气的人所应做的；为了丈夫去怨着弟弟，这也不是有仁心的人所应出的。我现在既然不敢怨弟弟，但是也不回到赵国去的了。于是走到了高山上，大声哭泣着，拔下了头上的簪子。在石头上摩擦了一番，然后把自己刺死了。后人为了纪念她，就把她自杀的那座山，叫做了摩笄山。

延伸阅读

《咏史诗　摩笄山》

唐　胡曾

春草绵绵岱日低，山边立马看摩笄。
黄莺也解追前事，来向夫人死处啼。

中华民族优秀传统
文化故事读本《义》

◎ 刺客豫让

　　春秋时，晋国有个勇士名叫豫让，投靠在智伯门下，很受重用。后来，智伯被赵襄子杀害。豫让躲了起来，下决心要为智伯报仇。过了几个月，豫让装扮成仆役混进赵府，伺机刺杀赵襄子。结果在茅厕里被发现，赵襄子见豫让为主人报仇就放了他。豫让说："你虽然放了我，但我还会刺杀你的！"

　　豫让回去后，剃去眉毛和胡子，又吞食热炭，把声音弄嘶哑，以便从形象到声音都不让人认出来。朋友们对他说："你如投靠赵襄子，得到他的信任后，再行刺他，不是更方便吗？"豫让回答说："作为一个勇士，怎么可以做这样不仁不义的事呢！"

　　这一天，豫让得知赵襄子外出办事，他就预先埋伏在桥下，赵襄子来到桥边，马匹突然惊叫起来。赵襄子命人到处搜查，在桥下把豫让抓了出来。赵襄子说："你舍生取义，确实令人尊敬。但这次我不能饶恕你了！"豫让说："多谢赵公厚义，但我临死前请求你能把外袍脱下来，让我刺三剑，偿我为主复仇的意愿。我死而无怨了。"赵襄子见他这样忠诚，大为感动，便脱下外袍。豫让刺了外袍之后，自刎而亡。豫让甘愿舍弃生命，也要完成道义的行为，便成了"舍生取义"的成语。

◎庞涓忘义害孙膑

庞涓和孙膑是同学,拜鬼谷子先生为师一起学习兵法。同学期间,两人情谊深厚,并结拜为兄弟。有一年魏国国君招求天下贤才,庞涓决定下山,当了魏国的军师。孙膑则觉得自己学业尚未精熟,也舍不得离开老师,就表示先不出山。于是庞涓一人先下了山,临行时对孙膑说:"如果我成功了,一定向魏王举荐你,共同建功立业。"在庞涓去魏国的几年里,孙膑还在跟随先生学习,先生后来又把秘而不传的《孙武兵法》传授给了孙膑。

后来,魏国的大臣准备了厚礼让孙膑去魏国。孙膑到了魏国一心把庞涓当好兄弟,可庞涓却嫉妒孙膑的才能,设法除掉孙膑。庞涓对魏王说:"孙膑私通齐国密使,对魏国不忠。"魏王听后十分生气,把孙膑的膝盖骨敲碎了。庞涓假惺惺地表示同情。而这时孙膑还要《孙武兵法》教给庞涓。庞涓的一个仆人看不过去了,把真相告诉了孙膑。后来这件事被齐国的大将田忌知道了。他把孙膑救了出来,并对他委以重任。孙膑果然不负众望,通过几场战役打垮了庞涓。

庞涓不讲兄弟情义,得到了应有的报应。一心想着要害别人,最终却害了自己。

中华民族优秀传统
文化故事读本《义》

◎ 二子乘舟

东周列国的时候，卫宣公即位后，其子公子急和公子寿虽非一母同胞，却意气相投，情同手足。

一日，公子寿见卫宣公屏去左右议事，心存疑虑，便问母亲何事，齐姜如实告知：父遣公子急去某地，半路杀之。公子寿自觉进谏无益，便直奔公子急，以实情告知，并劝远走他乡，别作良图。急子说："为人子者，以从命为孝。弃父之命，即为逆子……"遂弃岸登舟，循着父亲指引的道路而去。公子寿见泣劝不成，就想：吾兄真仁人也，我不若代兄一死，倘若父亲能醒悟，也能落得个慈孝两全。于是，以船载酒，追赶而来。及至赶上，公子寿假意践行，将公子急灌醉与船上，取其衣物穿上，说："君命不可迟也，我当代往。"并将一书简交与急子随从，嘱咐待公子急酒醒后呈看。

公子寿行至途中，遭遇歹徒劫杀，引颈受刀，凄惨而亡。

且说急子酒醒，展看书简，上写"弟已代行，凶宜速避"。不觉泪流满面，遣从人急速追之。及见寿舟，寿已身首异处，大呼"天乎冤哉"，并请贼人断其头，归献父王请功。贼人遂斩其头颅，与公子寿头颅并放与盒中，泛舟而回。

这就是二子同舟的故事，一个人替另一个人去死了，他想救的人也没有救成。不过，在这个故事里，生与死早已不是关键的问题。

《诗经》有《乘舟》之诗咏之曰：
二子乘舟，泛泛其景。愿言思子，中心养养！
二子乘舟，泛泛其逝。愿言思子，不瑕有害？

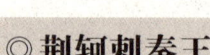

◎ 荆轲刺秦王

秦王政重用尉缭,一心想统一中原,不断向各国进攻。他拆散了燕国和赵国的联盟,使燕国丢了好几座城。

燕国的太子丹原来留在秦国当人质,他见秦王政决心兼并列国,又夺去了燕国的土地,就偷偷地逃回燕国。他恨透了秦国,一心要替燕国报仇。但他既不操练兵马,也不打算联络诸侯共同抗秦,却把燕国的命运寄托在刺客身上。他把家产全拿出来,找寻能刺秦王政的人。

后来,太子丹物色到了一个很有本领的勇士,名叫荆轲。他把荆轲收在门下当上宾,把自己的车马给荆轲坐,自己的饭食、衣服让荆轲一起享用。荆轲当然很感激太子丹。

公元前230年,秦国灭了韩国;过了两年,秦国大将王翦(音jiǎn)占领了赵国都城邯郸,一直向北进军,逼近了燕国。

燕太子丹十分焦急,就去找荆轲。太子丹说:"拿兵力去对付秦国,简直像拿鸡蛋去砸石头;要联合各国合纵抗秦,看来也办不到了。我想,派一位勇士,打扮成使者去见秦王,挨近秦王身边,逼他退还诸侯的土地。秦王要是答应了最好,要是不答应,就把他刺死。您看行不行?"荆轲说:"行是行,但要挨近秦王身边,必定得先叫他相信我们是向他求和去的。听说秦王早想得到燕国最肥沃的土地督亢(在河北涿县一带)。还有秦国将军樊于期,现在流亡在燕国,秦王正在悬赏通缉他。我要是能拿着樊将军的头和督亢的地图去献给秦王,他一定会接见我。这样,我就可以对付他了。"

太子丹感到为难,说:"督亢的地图好办,樊将军受秦国迫害来投奔我,我怎么忍心伤害他呢?"

荆轲知道太子丹心里不忍，就私下去找樊于期，跟樊于期说："我有一个主意，能帮助燕国解除祸患，还能替将军报仇，可就是说不出口。"

樊于期连忙说："什么主意，你快说啊！"

荆轲说："我决定去行刺，怕的就是见不到秦王的面。现在秦王正在悬赏通缉你，如果我能够带着你的头颅去献给他，他准能接见我。"

樊于期说："好，你就拿去吧！"说着，就拔出宝剑，抹脖子自杀了。

太子丹事前准备了一把锋利的匕首，叫工匠用毒药煮炼过。谁只要被这把匕首刺出一滴血，就会立刻气绝身死。他把这把匕首送给荆轲，作为行刺的武器，又派了个年才十三岁的勇士秦舞阳，做荆轲的副手。

公元前227年，荆轲从燕国出发到咸阳去。太子丹和少数宾客穿上白衣白帽，到易水（在今河北易县）边送别。临行的时候，荆轲给大家唱了一首歌："风萧萧兮易水寒，壮士一去兮不复还。"

大家听了他悲壮的歌声，都伤心得流下眼泪。荆轲拉着秦舞阳跳上车，头也不回地走了。

荆轲到了咸阳。秦王政一听燕国派使者把樊于期的头颅和督亢的地图都送来了，十分高兴，就命令在咸阳宫接见荆轲。

朝见的仪式开始了。荆轲捧着装了樊于期头颅的盒子，秦舞阳捧着督亢的地图，一步步走上秦国朝堂的台阶。

秦舞阳一见秦国朝堂那副威严样子，不由得害怕得发起抖来。

秦王政左右的侍卫一见，吆喝了一声，说："使者为什么变了脸色？"

荆轲回头一瞧，果然见秦舞阳的脸又青又白，就赔笑对秦王说："粗野的人，从来没见过大王的威严，免不了有点害怕，请大王原谅。"

秦王政毕竟有点怀疑，对荆轲说："叫秦舞阳把地图给你，你一个人上来吧。"

荆轲从秦舞阳手里接过地图，捧着木匣上去，献给秦王政。秦王政打开木匣，果然是樊于期的头颅。秦王政又叫荆轲拿地图来。荆轲把一卷地图慢慢打开，到地图全都打开时，荆轲预先卷在地图里的一把匕首就露出来了。秦王政一见，惊得跳了起来。荆轲连忙抓起匕首，左手拉住秦王政的袖子，右手把匕首向秦王政胸口直扎过去。秦王政使劲地向后一转身，把那只袖子挣断了。他跳过旁边的屏风，刚要往外跑。荆轲拿着匕首追了上来，秦王政一见跑不了，就绕着朝堂上的大铜柱子跑。荆轲紧紧地逼着。两个人像走马灯似的直转悠。旁边虽然有许多官员，但是都手无寸铁；台阶下的武士，按秦国的规矩，没有秦王命令是不准上殿的，大家都急得六神无主，也没有人召台下的武士。官员中有个伺候秦王政的医生，急中生智，拿起手里的药袋对准荆轲扔了过去。荆轲用手一扬，那只药袋就飞到一边去了。就在这一眨眼的工夫，秦王政往前一步，拔出宝剑，砍断了荆轲的左腿。荆轲站立不住，倒在地上。他拿匕首直向秦王政扔过去。秦王政往右边只一闪，那把匕首就从他耳边飞过去，打在铜柱子上，"嘣"的一声，直迸火星儿。秦王政见荆轲手里没有武器，又上前向荆轲砍了几剑。荆轲身上受了八处剑伤，自己知道已经失败，苦笑着说："我没有早下手，本来是想先逼你退还燕国的土地。"这时候，侍从的武士已经一起赶上殿来，结果了荆轲的性命。台阶下的那个秦舞阳，也早就给武士们杀了。

◎ 巨伯请代

荀巨伯乃是汉桓帝（132—167年）时期的贤士，向来恪守信义，笃于友情。有一次，荀巨伯听说千里之外的一个好友生了重病，顿时十分着急，匆匆安排好家里的事，收拾好行囊便赶去探视这位朋友。就这样披星戴月地奔波了半个多月，荀巨伯才到达好友所居住的县城。岂料，荀巨伯进城之后，看到街上一个人都没有，感到很奇怪。他找到好友的住所，来到好友的家中，却发现面色惨白的好友躺在床上，连声低呼："水！水！"

荀巨伯连忙从桌上取过碗，四处找水，最后在厨房的水缸里找到了一点儿水，便连忙装入碗内，递到友人口边。

友人喝了几口，精神稍微好了点儿，抬头看到是荀巨伯来了，感到十分惊喜，便问你什么时候来的？"

荀巨伯答道："刚到。"

朋友看到荀巨伯不远千里来看望病中的自己，心里十分感动。但一想到目前情势危急，便着急地对荀巨伯说胡兵马上就要攻城了，全城的人大都跑掉了，你也赶紧走吧！"

荀巨伯坚定地说你重病在身，身为朋友，我怎么能现在就离开呢？"

听了他的话，朋友感动地说："你的这份感情让我很感动，但是，我是快要死的人，怎么可以连累你呢？你还是赶紧走吧！"

荀巨伯恳切地说："我不远千里来看你，你却要我走，弃义而求生，我荀巨伯岂是那样的人？"

正说着，突然有人高喊这里有人！"

朋友听到外边的呼喊声，连忙对荀巨伯说："胡人来了！你赶快从后门逃走吧！"说到这儿，因过于激动而连声咳嗽起来。

荀巨伯连忙把碗递给他，正在这时，一个彪形大汉踢开了门，随行的还有几个士兵。

朋友见此心急如焚，荀巨伯却镇定如常。

大汉看到屋子里只有两个男子，一个卧病在床，一个正在递水，便高声问荀巨伯道："我大军一到，全城的人都跑了，你到底是谁，为什么敢独自留在这儿？"

荀巨伯从容不迫地回答道："在下乃是荀巨伯，因朋友重病在身，无人照顾，因此不远千里前来照顾他，见他重病在身，不忍离去。还请诸位手下留情，要杀就杀我，千万不要杀害我的朋友！"

大汉想不到这时候全城的人都跑了，竟然会有人舍己救友，心里十分感动，便对随从们说："我等是不义之人，不该入此有义之国啊，走吧！"

说完，向荀巨伯一拱手，带着随从们转身出门而去。

这时候，朋友心里才如一块大石头落了地，紧紧拉住荀巨伯的手，哽咽着一句话都说不出来，眼泪滚滚而下。

◎ 宋弘念旧

诗曰：宋弘既贵，念及糟糠，不尚公主，大振纲常。

东汉有一个姓宋名弘的人，做司空的时候，正值光武帝刘秀的姐姐湖阳公主刚刚死了丈夫，光武帝就和湖阳公主谈论朝里的大臣们，去试探她的意思。湖阳公主说："宋公有很威严的容貌，和很有道德的器识，在一班臣子里没有一个能赶上他的。"光武帝听了，就去对宋弘说："俗语说，做了官，好把贫贱时候的朋友换过了；有了钱，好把穷苦时候的妻子换过了，人情上不都是这个样子吗？"宋弘说："臣闻'贫贱之交不可忘，糟糠之妻不下堂'"，这就是说，凡是贫贱时候交的朋友，是不可以遗忘的，同过甘苦吃着糟糠的妻子，是不可以离异的。光武帝听后，很赞赏他，就对湖阳公主说："这件事情还是算了吧。"

◎ 关公秉烛

诗曰：关公大义，二嫂同居，秉烛达旦，终夜观书。

汉末三国时期，有个名将，姓关，名羽，字云长，蜀汉的先主刘备在打天下的时候，和他像兄弟一样同床而睡。可是关公在许多人的面前，总在先主的旁边整日地立着，跟着先主去周旋一切，无论什么艰难危险，都毫不退避。有一回曹操带了军队，一直向东方进兵，攻破了下邳的城池，关公被俘后，曹操差张辽去劝降。关公就与张辽约定三个条件：降汉不降曹；像原来一样照顾刘备家人；如果有刘备的消息，关羽就要回到刘备身边。这个时候，先主的妻子甘夫人和糜夫人都被曹操捉住了，曹操就让关公和二位夫人在一个房间里同住。关羽点燃了蜡烛，秉烛立于门外，整夜在读书，直到天明。曹操见此，更加敬服。

在我国古代，人们都把名将关羽奉为"武圣人"，至今人们还在供奉他。

◎ 云敞葬师

西汉的云敞，字幼儒，平陵（今陕西兴平）人，他师从一代名儒吴章学习儒学，对老师非常地尊敬。吴章是《尚书经》的博士，追随他求学的学生达一千多人之多。

西汉末年王莽专政，引起全国上下的不满。他横征暴敛，刑罚严苛，给百姓摊派了繁重的赋税和徭役。他毒死汉平帝，篡夺帝位，并滥加封赏，又不断挑起对匈奴、东北和西南各族的战争。人们对他的不满情绪日渐高涨。

王莽篡政，逼令汉朝皇帝的母亲以及皇后外家留住中山，不得到京师来面见皇上。王莽的长子王宇深表不平。想到孔子所说的"为仁由己，而由人乎哉"，王宇决定挺身而出，仗义执言。他去向他的老师吴章求教，商讨如何能够遏止王莽的种种恶行。吴章认为，王莽此时怙恶不悛，一意孤行，而且又大权在握，他是无法听得进任何人的规劝的。他做事狠戾凶残，不循从道德良心做事，而且又喜欢装神弄鬼，对鬼神灵异的那些神神怪怪的说法深信不疑。所以不如就顺水推舟，搞一些鬼怪的神异事件来吓唬吓唬他。再套用那些歪理邪说，证明他已经众叛亲离，天怒人怨，连上天都将要降下大祸于他，从而逼他退位，永绝后患。

王宇觉得这个办法很好，于是就派吕宽提着一桶血，在半夜三更四下无人的时候，把红惨惨的血水泼洒在王莽的大门上。仿佛是鬼神留下的诰谕，希望他迷途知返，不要再为非作歹、滥杀无辜。然而吕宽的行为，却被守夜的门卫查知，事情很快就败露了。丧尽天良的王莽，不但亲手害死了自己的儿子，而且对怀有身孕的儿媳，也痛下了毒手。

不但如此，王莽还诛杀了皇后的娘家卫氏家族的族人，

并借机铲除异己。在这次事变中,被无辜害死的人达一百多人。身为儒林领袖,吴章为了心中的道德节义,用生命的代价,写下了最为重要的一笔,他威而不屈坦然就义,最终被王莽下令施以酷刑。残忍至极的王莽派人将他的肢体一节一节地割下,腰斩于东市门外。孔子曰:"仁远乎哉?我欲仁,斯仁至矣。"读书人敢为天下先的志节,正是吴章对奉持一生的儒家之道,所作出的壮美绝伦的注解。

吴章是一代大儒,追随他的弟子达一千余人之多。王莽认为他们全都是吴章同党,要全都禁锢关押起来,其中更不允许有任何人留在朝廷中做官。谁都清楚王莽是连自己的亲生儿子都能痛下毒手的人,还有什么事情做不出来!为了躲避突如其来的横祸,也为了继续保住仕途上的光明前程,吴章的学生们开始在朝野中,公然宣称自己不是吴章的学生,而早已师从其他某某人,早就不在吴章门下了。

当时云敞官居大司徒掾①,老师的惨死使他悲伤欲绝。每每想起老师深切的爱护和不倦的教导,那父子般至亲至爱的天伦之情,和老师那道义浩然的一言一行,不住地在他的脑海中盘旋荡漾。老师终其一生守仁守义直到生命尽头,他笃行不怠的言传身教,永远地留在了学生的心中,纵使历经岁月流逝也永远都不会消失。云敞决心挺身而出,为最为敬爱的老师,谨守作弟子的一点微不足道的情义。

当时正值局势动荡之时,云敞一路哭号跪拜着来到老师体无完肤的尸首前,肝肠欲碎。他大呼着自己就是吴章的学生,他悲切的哭声蕴含着对老师至深的追念,他将老师的尸首一块一块小心翼翼地包好,护在自己的怀中,泣不成声举不成步地哭号着回去。他不畏惧天下的人都知道他是吴章的学生,他不畏惧自此而后他就是冲在最前方的

---

① 掾:yuàn,古代官署属员的通称

"恶党与罪魁",他只知道老师坚守仁义直到最后,而他自己终生实践的正是老师最深切的教诲。

云敞公然按照师礼把老师的尸首敛棺而葬,他悲切的哀号之声倾动了朝野,使整个京师的人都为之瞩目。车骑将军王舜被他的义行深深感动了,他赞美云敞就如同栾布一样地有情有义,并推荐他为中郎谏大夫。云敞屡屡以生病为由,避隐在家终老余生。

点评

千百年来,云敞成为了学生承事老师,忠义绝伦的典型模范。孔子曰:"三军可夺帅也,匹夫不可夺志也。"读书人坚勇的志节,往往正是在力敌万夫的危难关头,表现得尤为壮烈,云敞坚韧不屈,把为人应有的道义尽到了极致。

◎仁义之家

东汉后期，宦官专权，陷害忠良。大臣张俭得罪了中常侍郎侯览，侯览等人便找到一个机会，将张俭判为死罪。

张俭预先知道了消息，趁机逃跑。于是朝中下了一旨，有藏匿留宿张俭者，罪当连坐，即也要获死罪。

张俭和孔融的哥哥孔褒十分要好，便跑到孔褒家去躲藏。可是刚好孔褒外出没有归来，他的弟弟孔融在家，孔融刚刚16岁，知道张俭是逃难而来，便说道："兄虽外出，难道我就不能为君做主吗？"于是留张俭住了几宿。

不想张俭留宿孔家的消息被官府闻知，官吏到孔府追捕，这时张俭已经走了。官吏无法报命，就把孔融及刚刚回家的孔褒抓了去。

在公堂上，孔融首先站出来说："张俭留宿我家确有其事，今已他去，不知何往。只是吾兄没在家，是我留的张俭，要判死罪，我去承当好了，与兄长无关。"

此话刚落，孔褒也站了出来说："张俭本与我交厚，他是来投我的。而我的弟弟年少不懂事，与弟弟无关，有罪我去承当，把弟弟放了吧。"

不一会儿，大门口又进来一个老妇人，原来是孔母。孔母对官吏说："妾夫已死，吾是一家之主，家事都由我承担。所以留宿张俭的罪过，应该只是我一个人，而与他们兄弟无关。"

这一下把官员弄懵了，不知道怎么办才好，只得把供辞申报朝廷。最后，朝中下了批文，把孔褒连坐问斩，孔母及孔融释放回家。

◎ 大树将军

东汉光武帝时候，有个将军叫冯异。他是光武帝的偏将。因为打了胜仗，所有的将军都聚在一起，一个个讲述自己有多大的功劳。在互相标榜当中，冯异一句话也没说，跑到一棵大树下，默默地坐在那里，不与他们争名夺利。往往当一个人有德行、不去争夺名利的时候，其他的人就会觉得惭愧，就会反省自己。人家有功都不标榜，我们还在这里争功。光武帝知道了也很感动，就封冯异为"大树将军"。

◎ 瘦羊博士

在汉朝时候,有封"五经博士"的制度。一年当中,皇帝会送给博士们每人一只羊。那天赶来了很多羊,五经博士来接受皇帝的御赐。结果所有的五经博士都在那里说:"这只比较肥,那只比较瘦,这样不公平。"博士们在那里议论不休。有个读书人叫甄宇,他看了之后没说话,立刻走到羊群里,牵着那只又瘦又小的羊走了。甄宇这样一做,所有的人不吵了,都觉得很惭愧,亏自己还是五经博士,真的是徒有虚名。甄宇非常善巧,用自己的行为来开导他们。后来皇上知道了,封甄宇为"瘦羊博士"。

延伸阅读

《五经博士》

五经博士,学官名。博士源于战国。秦及汉初,博士的职务主要是掌管图书,通古今以备顾问。汉武帝设五经博士,教授弟子,从此博士成为专门传授儒家经学的学官。汉初,《易》《书》《诗》《礼》《春秋》每经只有一家,每经置一博士,各以家法教授,故称五经博士。到西汉末年,研究五经的学者逐渐增至十四家,所以也称五经十四博士。五经博士的设置,是汉朝廷掌握经学的重要标志。

◎ 华容释曹

赤壁之战中，曹操大败，带领残兵败将逃出了主战场。五更天时，曹操来到一处山势险要、树林茂密之地，忽然仰天大笑起来，众将官忙问曹操大笑什么，曹操得意地说："我是笑那周瑜、孔明太蠢，要是我，就会在这里埋伏一支人马，那才叫厉害呢。"曹操的话还没说完，两边鼓声大震，火把四起，杀出一支军马。一位身穿白色战袍的大将高叫一声："我常山赵子龙奉诸葛军师之令，在此等候多时了！"吓得曹操差点从马上掉下来，赶紧让徐晃、张郃挡住赵云，自己拼命逃跑。赵云并不追赶，只抢走了一些武器和旗帜。天渐渐亮了，当曹操的军队走到葫芦口的时候，个个人困马乏，又冷又饿。曹操下令休息，在山边找个干爽的地方，搭锅做饭。曹操往地上一坐，又是一阵哈哈大笑。大家都纳闷地问："刚才丞相笑周瑜、诸葛亮没有智谋。结果笑出个赵子龙来，损失了不少人马，现在又笑什么呀？""哈哈哈，我是笑周瑜、诸葛亮毕竟不够聪明，如果在这里埋伏下一支人马，我们就是逃得了性命，也会损失惨重啊。"正说着，忽然传来一阵呐喊。曹操来不及备马鞍子，跳上马背就逃。这时只见张飞出现在山口，大喊："曹贼，哪里走？"许褚、张辽、徐晃骑着没有马鞍子的战马，急忙挡住张飞。曹操趁着混战，连忙逃走。张飞在后面追杀一阵，也就收兵回去。这样，曹操剩下的人马就又损失了大半。曹操领着残兵败将往前走着走着，士兵报告说，前边有两条路，大路比较平坦，但远50里，小路奔华容道，路窄难行，但是近50里，问曹操走哪一条。曹操让人爬上山一看，只见小路边有几个地方冒烟，可能有东吴的军马，大路那边却比较平静。曹操想了想："这一定是诸葛亮搞的诱兵之计，故意在小路上放些烟火，使我军不敢从这里通过。哼,他呢,却把兵埋伏在大路上。"于是曹操命令从小路走。没走上几里路,曹操就第三次大笑起来:"哈哈,都说周瑜、诸葛亮足智多谋,依我看全是无能之辈,他们如果是在这里设下埋伏,那我们就只能是束手就擒了。"没想到,话音刚落,只听"呼"一声炮响,又杀出一支人马,领头的正是大将关羽,关云长,他手提青龙偃月刀,胯下骑着赤兔马,截住了曹操的去路。曹操长叹一声:"哎,事到如今,也只能决一死战了!"可是将士们一看是关羽,嘿,一个个吓得魂儿都没了,谁还敢上前跟他交战哪?曹操心想,这下算是完了,到底还是没能逃出周瑜的手心呀,程昱对曹操说:"我听说关云长一向最讲义气,丞相以前待他不错,现在,你若向他求求情,说不定他会放我们过去的。"曹操一听,只好厚着脸皮走上前对关羽说:"关将军,今天,我遭到惨败,已无路可走,希望将军能看在往日的情分上,放我过去,日后定有重谢。"关羽在马上欠了欠身子:"以前我虽曾受过丞相大恩,可我已斩颜良、杀文丑,解了白马之围,报答过了。今天,我们是两国交兵,我怎敢徇私情呢?""哎呀,将军在过五关斩六将的时候,我曹某给您提供的方便您一定都还记得吧。将军熟读《春秋》,最重情意,我死在别人手里,一点也不冤。却不料死在将军的手中。"说完眼泪直流。关羽想起了当年曹操对他的好处,感到非常为难,放他过去吧,自己在诸葛孔明那儿是立了军令状的。可真要杀了曹操,又下不了手。最后关羽一狠心,喝令将士:"散开让路。"曹操马上明白了关羽的意思,赶紧和将士们冲了过去。此时关羽又想起了军令状,大喝一声:"你们哪里走?"曹军听了,一齐滚下马来再次求饶。这时张辽骑马过来,关羽又想起和张辽的友情,便放他们都过去了。曹操逃过了华容道,傍晚的时候来到南郡,手下只有27个人了。关羽放了曹操之后,收兵回营。这个时候各路大军都得胜而归,只

有关羽两手空空。诸葛亮问明情况,立刻说:"这里有军令状,不得不按军法处置!"就要把他推出去斩首,刘备一个劲的为关羽求情,将领们也一个劲的为关羽求情,诸葛亮这才饶了关羽,让他戴罪立功!

延伸阅读

游戏:华容道

华容道是古老的中国民间益智游戏,以其变化多端、百玩不厌的特点与魔方、独立钻石棋一起被国外智力专家并称为"智力游戏界的三个不可思议"。它与七巧板、九连环等汉族传统益智玩具还有个代名词叫作"中国的难题"。

玩法:通过移动各个棋子,帮助曹操从初始位置移到棋盘最下方中部,从出口逃走。不允许跨越棋子,还要设法用最少的步数把曹操移到出口。曹操逃出华容道的最大障碍是关羽,关羽立马华容道,一夫当关,万夫莫开。关羽与曹操当然是解开这一游戏的关键。四个刘备军兵是最灵活的,也最容易对付,如何发挥他们的作用也要充分考虑周全。"华容道"有一个带二十个小方格的棋盘,代表华容道。

华容道是中国人发明的,最终解法是美国人用计算机求出的。但华容道的设计原理到现在还没有搞清,最初看是在一个由二十个方格组成的棋盘,有一个四个小方格一组(曹操),五个两个小方格一组(五虎上将),四个一个小方格一组(四个小兵)。但关羽是一个横向的两个小方格,其他四将是纵向的两个小方格,这样如果曹操是四,四个上将和关羽就不能统称为二,$1*2*4:20$ 的关系就不能成立。还有一种方法是将曹操看作是四次方,关羽看作平方,四个上将看作是四个2,四个小兵是四个1,棋盘看作是20。但最终的数学原理还是未解之谜。

◎桃园三结义

刘焉出榜招募义兵。榜文行到涿县（今河北省涿州市），引出涿县中一个英雄。那人不甚好读书；性宽和，寡言语，喜怒不形于色；素有大志，专好结交天下豪杰；生得身长七尺五寸，两耳垂肩，双手过膝，目能自顾其耳，面如冠玉，唇若涂脂；中山靖王刘胜之后，汉景帝阁下玄孙，姓刘名备，字玄德。昔刘胜之子刘贞，汉武时封涿鹿亭侯，后坐酎金失侯，因此遗这一枝在涿县。玄德祖刘雄，父刘弘。弘曾举孝廉，亦尝作吏，早丧。玄德幼孤，事母至孝；家贫，贩屦织席为业。家住本县楼桑村。其家之东南，有一大桑树，高五丈余，遥望之，童童如车盖。相者云："此家必出贵人。"玄德幼时，与乡中小儿戏于树下，曰："我为天子，当乘此车盖。"叔父刘元起奇其言，曰："此儿非常人也！"因见玄德家贫，常资给之。年十五岁，母使游学，尝师事郑玄、卢植，与公孙瓒等为友。

及刘焉发榜招军时，玄德年已二十八岁矣。当日见了榜文，慨然长叹。随后一人厉声言曰："大丈夫不与国家出力，何故长叹？"玄德回视其人，身长八尺，豹头环眼，燕颔虎须，声若巨雷，势如奔马。玄德见他形貌异常，问其姓名。其人曰："某姓张名飞，字翼德。世居涿郡，颇有庄田，卖酒屠猪，专好结交天下豪杰。恰才见公看榜而叹，故此相问。"玄德曰："我本汉室宗亲，姓刘，名备。今闻黄巾倡乱，有志欲破贼安民，恨力不能，故长叹耳。"飞曰："吾颇有资财，当招募乡勇，与公同举大事，如何。"玄德甚喜，遂与同入村店中饮酒。

正饮间，见一大汉，推着一辆车子，到店门首歇了，入店坐下，便唤酒保："快斟酒来吃，我待赶入城去投军！"玄德看其人：身长九尺，髯长二尺；面如重枣，唇若涂脂；

丹凤眼，卧蚕眉，相貌堂堂，威风凛凛。玄德就邀他同坐，叩其姓名。其人曰："吾姓关名羽，字长生，后改云长，河东解良人也。因本处势豪倚势凌人，被吾杀了，逃难江湖，五六年矣。今闻此处招军破贼，特来应募。"玄德遂以己志告之，云长大喜。同到张飞庄上，共议大事。飞曰："吾庄后有一桃园，花开正盛；明日当于园中祭告天地，我三人结为兄弟，协力同心，然后可图大事。"玄德、云长齐声应曰："如此甚好。"

次日，于桃园中，备下乌牛白马祭礼等项，三人焚香再拜而说誓曰："念刘备、关羽、张飞，虽然异姓，既结为兄弟，则同心协力，救困扶危；上报国家，下安黎庶。不求同年同月同日生，只愿同年同月同日死。皇天后土，实鉴此心，背义忘恩，天人共戮！"誓毕，拜刘备为兄，关羽次之，张飞为弟。

延伸阅读

桃园三结义是《三国演义》中的第一个故事。提起刘备、关羽和张飞，人们总是会联想到他们早年在涿郡张飞庄后那花开正盛的桃园，备下乌牛白马，祭告天地，焚香再拜，结为异姓兄弟，不求同年同月同日生，只愿同年同月同日死。人们一直传诵着这个故事，也一次次有人效仿着焚香结义。梁启超在一篇文章中便谈到："今我国民绿林豪杰，遍地皆是，日日有桃园之拜……"（《论小说与群治之关系》）清代一些会党如三合会等，在他们颇为庄重的入会仪式上，必定不会忘记插上桃枝，以此象征他们是在桃园结义。

◎ 身在曹营心在汉之关羽

公元200年,曹操征刘备,刘备战败。关羽与刘备失散后,不得已降了曹操。曹操对关羽优礼有加,三日一小宴,五日一大宴,封侯赐爵。但关羽不为所动,最后挂印封金,不辞而别,过五关斩六将,与刘备、张飞相聚。因而后人称关羽"身在曹营心在汉"。这是民间流传的俗语,在戏剧曲艺中能听到。后来这句话常用来比喻人在某地心却怀念异地的亲人,也常用来比喻人在敌对双方的某一方挂职,心却向往另一方。

《三国演义》中说,曹操把关羽围困在屯土山上,在张辽极力劝说下,关羽和曹操订立了著名的"土山三约":一、降汉不降曹;二、赡养刘备两个夫人;三、一旦知道刘备消息,无论千里万里赴汤蹈火也要投奔兄长。曹操最后答应了苛刻的条件。身在曹营的关羽还几次提醒曹操,自己时刻没有忘记故主刘备。后来又斩颜良、诛文丑,解白马之围报答曹操不杀之恩。关羽忠于刘备,忠于桃园结义的拳拳之心,在小说中表现得淋漓尽致。《三国志》里关羽投降变节之说也就被巧妙地化解,反而留下一个著名典故,就是"身在曹营心在汉"。将关羽讲义气的形象推向极致的是《三国演义》中关羽在华容道义释曹操的一幕,更令无数人荡气回肠。

◎ 身在曹营心在汉之徐庶

徐庶足智多谋，曾做过刘备的军师。后因曹操假冒徐母笔迹致书徐庶，徐庶不得已离开刘备而回家与母亲相聚。临行前，徐庶曾向刘备表示："纵使曹操相逼，庶亦终身不设一谋。"后来便有了一句歇后语"徐庶进曹营——一言不发"，表示始终保持沉默之意。

徐庶是位足智多谋又文武双全的人物，年轻的时候，他只身闯入仇家手刃仇人，武功可谓了得。后弃武从文，虽然出场很少，也是屡有建树，曹操的顶级谋士程昱称，徐庶之才十倍于己，当是肺腑之言。曹操正是看中徐庶的聪明才智可以为己所用，才想方设法将其赚至自己门下，曹操爱才心切，但是却忽略了徐庶是一位真正的忠义之士。

徐庶投奔曹营后确实谨记诺言恪守诚信，即使在曹操将遭到毁灭性打击的时候，也不愿透露机密，只是采用了庞统的计谋避之而去。据《三国志》记载，当时与徐庶一起投奔曹操的还有一位石韬，诸葛亮北伐时，韬仕历郡守、典农校尉，福至右中郎将、御史中丞。诸葛亮出陇右，闻元直（徐庶字）、广元（石韬字）仕财如此，叹曰："魏殊多士邪！何彼二人不见用乎？"徐庶至曹营后的确没有进献任何针对刘备的计谋，诸葛亮之叹恰好为徐庶的"身在曹营心在汉"作了有力注脚。

另外，刘备是季汉而不是真正的"汉"。关羽"降汉不降曹"只是"降"而不是"心在"。他心在刘备的"汉"，而非真正意义上的汉。而徐庶为了家庭可以抛弃刘备集团，足见其心在真正的"汉"而非蜀国，并且他为刘备举荐诸葛亮，也算是仁至义尽。

◎ 身在曹营心在汉之荀彧

　　荀彧身在曹营心在汉与关羽、徐庶不同。荀彧身在曹营心不是在刘备，而是汉王朝。荀彧身在曹营心在汉之故事亦最为凄悲。

　　荀彧是三国时期卓越政治家、战略家，曹操统一北方的首席谋臣和功臣，被称为"王佐之才"。

　　荀彧在战略方面为曹操规划制定了统一北方的蓝图和军事路线，曾多次修正曹操的战略方针而得到曹操的赞赏，包括"深根固本以制天下"，"迎奉天子"；战术方面曾面对吕布叛乱而保全兖州三城，奇谋扼袁绍于官渡，险出宛、叶而间行轻进以掩其不意奇袭荆州等诸多建树；政治方面为曹操举荐了钟繇、荀攸、陈群、杜袭、戏志才、郭嘉等大量人才。荀彧在建计、密谋、匡弼、举人多有建树，被曹操称为"吾之子房"。

　　官至侍中，守尚书令，封万岁亭侯。因其任尚书令，居中持重达十数年，处理军国事务，被人敬称为"荀令君"。

　　荀彧为曹氏集团所做一切贡献皆是因为他认为曹操是兴复汉室的忠臣子弟，但是曹操发展逐步壮大，个人野心亦逐步膨胀表露。公元212年，曹操欲进封魏公，询问与荀彧，荀彧已看出曹操个人野心，坚决反对。曹操极为失落，而荀彧亦以知晓曹操不可能是兴复汉室之臣，自己一生心力奋斗与自己的志向竟然是大相径庭。二人关系随即疏远。同年，荀彧在寿春辞世，亦有曹操赐死之说。

　　而如今看来，无论荀彧是忧郁而死还是被赐死，其人生最后，多年志向破灭，悲凉之感早已超过身死。荀彧忠汉之心，身在曹营心在汉之故事可谓最为凄美悲惨！

◎ 祖逖避难

诗曰：祖逖避乱，亲党共之，车载老疾，躬自奔驰。

东晋时期，有一个叫祖逖的人，天性无拘无束，度量很大，把钱财看得很轻，喜欢做侠义的事情，每每到种田人家去的时候，假称他哥哥的意思，把谷米和绸布分给贫苦的人。京师里发生了战乱，祖逖就带领亲戚和同乡的人，有几百家，到淮泗地方去避难，把自己家所有的车子马匹，都乘载那些老年和生病的人，自己却是步行，所带的药物和衣服粮食，都和那一班人共有。后来元帝叫他做了刺史，祖逖因为国家山河破碎，前途很危险，心中一直存有振兴恢复的志向，后来终于打过长江，恢复了一部分失去的土地。

延伸阅读

闻鸡起舞

祖逖与刘琨一同担任司州主簿时，感情深厚，常常同床而卧，同被而眠。一次，祖逖半夜听到鸡叫，认为这是上天在激励他上进，便叫醒刘琨道："此非恶声也。"然后与刘琨到屋外舞剑练武。后人用"闻鸡起舞"比喻有志报国的人即时奋起。

中流击楫

祖逖率部北伐，北渡长江。当船至中流之时，他眼望面前滚滚东去的江水，感慨万千。想到山河破碎和百姓涂炭的情景，想到困难的处境和壮志难伸的愤懑，豪气干云，热血涌动，敲着船楫朗声发誓："祖逖不能清中原而复济者，有如大江"！意思是若不能平定中原，收复失地，自己就像这大江一样有去无回！后人便用"中流击楫"比喻立志奋发图强。

◎ 公义变俗

诗曰：慈母公义，欲变岷俗，与病置厅，拊摩情笃。

隋朝时，有个辛公义，做了岷州（今甘肃岷县）的刺史，可是岷州地方的风俗，每逢家里有人生疫病，全家人都要避开离去，孝义的大道理都没有了，凡是生病的人，因为没有人去服侍，多半就死了。辛公义想要改变这个坏风俗，就下了一个命令：凡是有病的人，都用轿子抬到衙门里大厅上来，再叫医生来给医治，等病好了，辛公义就叫病人的家人和他亲族的人来，对他们说："假若疫病要传染，那么我一定死了。"于是那些人很感激地哭了，这个坏风俗因此得以废除。全州的百姓都称呼辛公义叫"慈母"。

◎ 郑卢冒刃

诗曰：卢氏冒刃，独立卫姑，以有仁义，不畏强徒。

唐朝郑义宗的妻子卢氏，对经史书籍都大略看过，服侍公公和婆婆孝顺很出名。有一个晚上，几十个强盗到她家里来打劫，家里的人都四散躲了起来，只有年迈的婆婆无法逃走。卢氏便一直站在婆婆的旁边，几乎被强盗打死。后来强盗走了，家里的人就问她："你为什么不怕呢？"卢氏回答说："人之所以和禽兽不同就是因为有了仁义的心，即使邻舍人家有了危急，还要赶过去相救，何况是自己的婆婆，哪里可以把她遗弃呢？假如万一有个不幸，发生了危险，我又怎能独活于世呢？"婆婆很感激她，叹着气说："从前圣人说过，天气冷了，然后才晓得松柏的叶子是最后落下来的，我现在经过了危难才晓得我媳妇的孝心。"

◎ 袁升还妾

诗曰：袁升买妾，义而归之，不求聘礼，复赠余赀①。

南宋有个叫袁升的人，五十岁了还没有儿子，妻子准备了银钱叫他到临安（今杭州）去买一个妾。袁升就去买了一个女子，可是那个女子一副很忧愁的样子，袁升就问："是什么缘故使你这样忧愁？"那个女子哭着说："我原来是赵知府的女儿，因为父亲死了，家里很穷，所以母亲把我卖了，得了这笔钱，可以归葬父亲了。"袁升听了这一番话，就把那个女子送了回去，不但不向她们讨还聘钱，而且又另外把自己袋里剩余的钱资助给她们。袁升回到家里，他的妻子问："买来的妾在哪里？"袁升就把这件事的原委告诉了妻子。妻子也很高兴，说他心肠好，一定会有儿子的。果然第二年，他妻子就生了一个儿子，名叫袁韶，后来袁韶做了很大的官。

---

① 赀：zī，同"资"。

◎ 孝基还财

诗曰：宋张孝基，受岳家赀，屡试其子，悉以归之。

宋朝的张孝基，娶了同里富人家的女儿做妻子，那个富翁只有一个儿子而且品行很不好，富翁就把儿子赶出了家。富翁死的时候，把全部的家产都托付给了张孝基。后来富翁的儿子流落街头，成了叫化子。有一回，张孝基遇见了，就问他："你能不能耕种园地呢？"他回答："能。"张孝基就叫他去耕种园地，见他很辛勤地耕作，张孝基就再问他："你能不能够管理库房呢？"他又回答："能。"张孝基就叫他管了库房。以后他越加敦厚谨慎，勤俭可靠，张孝基就把岳父所有的家产，统统还给了他。

◎ 刘濠焚宅

诗曰：宋有刘濠，翰林掌书，欲毁党籍，自焚其庐。

南宋末年，刘濠在翰林院里做掌书官，后来宋朝灭亡了，刘濠的同县人林融，组织了一支义兵，不幸起义失败了。元朝就派人把林融的同党记了下来，牵连进去的人很多。差人路过刘濠家，就在他家里寄宿。刘濠看见牵连的人这样多，就想了一个计策，用酒把差人灌醉了，又放了一把火，把自己房子烧掉了，于是名簿籍也烧毁了，差人没有办法，就另外造了一种簿籍，因此牵连的人都得以幸免了。后来刘濠的曾孙刘基辅佐明太祖灭了元朝，建立明朝，被封为诚意伯，人们都说这是祖上积德，所以子孙才会发达。正所谓：一举一动，惟义是取，义之所在，无往不利，小人见利，即忘其义，虽得小利，究竟吃亏。

◎ 仲淹义田

宋朝宰相范仲淹，字希文，苏州吴县人，著名的政治家、军事家。范仲淹自幼孤贫，勤学苦读，从青年时代开始就立志做一个有益于天下的人。

范仲淹从小读书就十分刻苦，一心想要济世救人。有一次，他遇到一个算命先生，问道："我以后能不能当宰相？"算命先生说："小小年纪，口气是不是有点太大了？"范仲淹有点不好意思地说："那你看我可不可以当医生？"算命先生很好奇，怎么两个志愿差这么大？他就问范仲淹为什么？范仲淹回答："唯有良医和良相可以救人。"算命先生说："你有这颗存心，真良相也。"

庆历四年（公元1043年），范仲淹被提拔为参知政事（副宰相），与富弼、韩琦等人共同主持朝政。任宰相期间，他为救济穷苦的人家，便把俸禄拿出来买了近城的好田一千亩，称它"义田"，给贫穷无田地者耕作。每天有饭食给他们吃，每年有衣服给他们穿，凡是有嫁女儿的、娶媳妇的、或是有亡故的、安葬的种种事情，都拿钱贴补他们，并且选择他族里年长又贤良的人，去管理这件事，一切银钱的付出和收入，都有一定的计划。实践了他年轻时念念利益众生的宿愿。

还有一次，他吩咐儿子范纯仁押解五百斗麦子回苏州老家，在运输的过程中，刚好遇到了父亲的故友，在交谈中了解到他的家境十分贫寒，父母都没能葬好，女儿也没有嫁妆。范纯仁知道后，马上将五百斗麦子卖掉，结果钱还是不够，就把船也卖掉了，解决了他父亲故友的困难。卖完后，他就回到京城跟父亲汇报。当父子俩坐在一个桌上，范纯仁跟父亲讲："我把五百斗麦子卖掉，钱还是不够。"父亲抬起头对他说："那你就把船也卖掉吧！"范纯

仁说："我已经卖掉了。"可见父子同心。

范仲淹为官数十载，他在朝廷犯颜直谏，不怕因此获罪。他每到一地兴修水利，培养人才，保土安民，政绩斐然，真正做到了为官一任，造福一方。而在生活上，他治家严谨，十分俭朴，平时居家不吃两样荤菜，妻子儿女的衣食只求温饱，一直到晚年，都没建造一座像样的宅第。在死后入殓时，连件新衣服都没有。然而他喜欢将自己的钱财送给别人，待人亲热敦厚，乐于替人家办好事，当时的贤士很多是在他的指导和荐拔下成长起来的。即使是乡野和街巷的平民百姓，也都能叫出他的名字。在他离任时，百姓常常拦住传旨使臣的路，要求朝廷让范仲淹继续留任。

范仲淹的行动和思想，赢得了后人的敬仰。他于仁宗皇祐四年（公元1052年）去世，享年六十三岁。噩耗传到各地，苏州和庆州的百姓，以及归附宋朝的各族人民，都画了他的肖像，给他立生祠，来纪念他。人们深为叹息，凡是他从政过的地方，众多百姓来到祠堂，像死去父亲一样痛泣哀悼，斋戒了三天才散去。历代仁人志士也纷纷以范仲淹这位北宋名臣为楷模，学习和效法。

点评

范仲淹善心为他人谋福利，而牺牲自己的利益，其功德是无法估量的，而上天所回报给范氏子子孙孙的福禄，是范仲淹当时所付出的几十倍、几百倍。范仲淹毫无利己之心，播下了意想不到的善种，八百年来不断地开花结果，无意之中为子孙万代谋福利，成为行善的典范，受世人的敬仰赞颂。所以，世人若要为子孙谋福利的话，范仲淹的善行是非常值得我们效法的。

◎ 天祥衣带

南宋名臣文天祥，吉州庐陵（今江西吉安）人，原名云孙。在他降生的时候，文家屋顶上云霞笼罩，故选中贡士后，他以天祥为名，字宋瑞，又字履善。当他还在孩提时代的时候，在乡贤祠里瞻仰欧阳修、胡铨等忠臣节义之士的牌位时，看到谥号中都有一个"忠"字，他感慨不已地说："人如果不能以忠义的节操，身居庙堂之上为万世所效法，就不是真正的大丈夫。"

理宗开庆初年（公元1259年），大元军队出兵攻打宋朝，宦官董宋臣提议迁都。迫于权势当朝群臣竟无人提出反对，而只有文天祥挺身而出仗义执言，他说："朝廷面临敌军的进攻，持着姑息纵容的态度，而缺乏奋发自强、刚乾决断的忠义之气。"他请求朝廷惩治一意投降的求和派，以振大宋将士的士气。

当时所向披靡的元军锐不可当，他们挥戈南下，给予南宋王朝沉痛而又致命的一击。朝廷任命文天祥为右丞相兼枢密使，派他前往皋亭山，与元丞相伯颜谈判。然而，他却被伯颜派兵拘捕了起来。誓死不降的文天祥，在被押送到元大都的路上，与同伴从镇江逃了出来。他们好几度落入了元人之手，但谁都不忍心加害于他。

接二连三的沉痛的打击，并没有摧折文天祥忠勇保国的志节，他从悲痛之中重新振作起来，收拾余兵出军循州，进驻南岭。在五坡岭他们遭受到了元将张弘范军队的致命突袭，文天祥寡不敌众，不幸被俘。他被押送到了潮阳，受到张弘范的当庭审讯，在左右士卒威逼下拜的喝令声中，文天祥威而不屈地肃立于大堂之上，他气宇轩昂，志节凛然，目光赫赫震慑住了在场的所有的人，张弘范转而以待客之礼来接待他。

弘范感佩他是一位真正的忠臣义士，就派人护送文天祥前往元朝的都城大都（今北京市）。文天祥连续八天八夜不吃不喝，试图以死来抗争。元世祖忽必烈惜才爱才，对忠臣良相非常敬重，便有意想要将他释放，但却遭到许多人的反对。他们认为，以文天祥那不可摧折的忠勇志节，必然会继续号令天下之士，转战于大江南北。必将成为元朝永远的隐患，放了他，如同放虎归山。在不得已的情况下，元世祖下诏对他施行了死刑。

文天祥就义之后，人们在他的衣带中发现了一首赞文，赞文说道："孔曰成仁，孟曰取义，惟其义尽，所以仁至。读圣贤书，所学何事，而今而后，庶几无愧。"这就是说，孔子说的杀身成仁，孟子说的舍生取义，因为这个义气能够尽到极点，所以那个仁心，也就到了极点了，读了圣贤人的书，究竟学了些什么事，我到了今天以后，才勉强可以说得没有惭愧了。当时，他年仅四十八岁。

他的从容就义、他的视死如归，正是缘于他"所欲有甚于生者"。文天祥在《正气歌》中曾经写下过这样的诗句："是气所磅礴，凛然万古存。当其贯日月，生死安足论！"他所躬身力行的道德节义，甚至超过了生命本身。他的一生，正是"仁、美、善"的典范，如同星辰般闪耀不绝。

延伸阅读

过零丁洋

作者：文天祥

辛苦遭逢起一经，干戈寥落四周星。
山河破碎风飘絮，身世浮沉雨打萍。
惶恐滩头说惶恐，零丁洋里叹零丁。
人生自古谁无死，留取丹心照汗青。

◎ 朱元璋义气赢天下

朱元璋的江湖义气，在许多史料和传记作品中都有记载。

吴晗先生在其《朱元璋传》中，曾经对此绘声绘色地作过描述：

朱元璋少年当放牛娃时，有一次，他与同村的徐达、汤和、周德兴等一干小伙伴，在山上玩饿了，又找不到吃的。于是，朱元璋提议，将自己替人家放牧的一头花白小牛犊宰了来吃。大家欢呼雀跃，吃得心满意足。随后，当一群小坏蛋们意识到无法向主人交代时，朱元璋一个人拍胸脯承担了全部后果。他想出的主意是：告诉牛主人，小牛钻进石洞里，拉不出来了。最后，事情以朱元璋挨了一顿痛打并丢掉放牛的差事而告结束。

吴晗先生评论道："朱元璋虽然吃了苦头，丢了饭碗，却由此深得伙伴们的信任，认为他敢作敢为，有事一身当，大家心甘情愿把他当作自己的头目。"

朱元璋投奔扯旗造反的红巾军以后，在相当长时间里，都保持了这个特点。这可能是他能够迅速脱颖而出的一个重要原因。

为此，这支部队的大头目——元帅郭子兴很赏识他，才几个月时间，就将他提拔到自己的亲兵卫队里担任小头目，并且很快亲自主婚，把自己的养女——就是后来名声很大的马皇后，嫁给了他。

但是，使他能够真正团结起一批死党，并得到死心塌地的拥戴，除了才干等因素，他的胆识与江湖义气所起的作用，恐怕不小。

当时，在这一伙造反部队中，分成几个不相统属的山头，相互间时常发生摩擦。有一天，郭子兴一个人上街，撞上了冤家，结果被对方绑架后关进地窖。他的所有亲信、亲属，包括两个儿子，都被吓坏了，纷纷躲藏起来。朱元璋是人们公认的郭子兴心腹，肯定也是被打击的对象。此时，他恰好领兵在外，躲过了此劫。

得到消息后，出乎人们意料，朱元璋立即动身，准备返回去营救郭子兴。有人力劝他不要自投罗网，白白送死。朱元璋回答得大义凛然："郭公有大恩于我，现今有难，我若只顾自己不去搭救，还能算个人吗？"结果，他回去后，利用那几派之间的矛盾，又打又拉，竟然平息了一场一触即发的派系残杀。朱元璋自己则爬墙上房，身蹈险地，最后纵身跳进地窖，砸烂枷锁，将郭子兴背上来。

后来，当郭子兴被其他造反好汉挤兑得很难受、不得不离开自己的根据地投奔朱元璋时，朱元璋甚至将自己发展起来的数万人马，拱手交给他，一如既往地辅佐这个并不成器的末路英雄。

还有一回，朱元璋在打败一支曾经背弃他的部队后，抓获了数万名俘虏。这些人极度不安，害怕遭到报复。朱元璋却下令，从中挑选500名勇猛壮士，担任自己的宿卫。

当晚，星光灿烂。朱元璋蒙头大睡，原有的警卫全部换成这500人。灯火通明之中，这500人静听着朱元璋鼾声大起，相当感激。从此，全军死心塌地地冲锋陷阵，极大地扩充了朱元璋的实力，成为朱元璋夺取天下的基本力量。

汤和比朱元璋大3岁，是当年一起分吃那只小牛犊的小坏蛋之一。

汤和比朱元璋更早地投奔了红巾军，有一种说法认为，正是汤和写信给朱元璋，劝诱这个游方和尚也投奔了红巾军。当时，由于战功，汤和已经官居千户，大约相当于今天的县团级干部了，但他对朱元璋相当恭敬。史书记载说：朱元璋受到郭子兴的信任，从一个马弁迅速崛起为部帅后，军中诸将以同辈视之，没有人肯服低做小，唯独年龄与资

历都胜过他的汤和,遵从他的约束与指挥。这使得朱元璋"甚悦之",感觉特别愉快。

这些分吃过小牛犊肉,和后来在红巾军受过朱元璋恩惠的伙伴们,大多成为朱元璋武装集团中的重要战将,出生入死地跟着他打天下。

大明帝国建立后,他们全部成为帝国的开国元勋,享有崇高的荣誉、地位与待遇。比朱元璋小4岁的徐达,甚至成为这些武将中的首席功臣。

◎ 翠梅甘虐

明朝陆陈氏有个丫环名叫翠梅。翠梅嫁了人以后,仍然很恭敬地服侍陈氏,依恋着不肯去。陈氏早年就没有了丈夫,生性非常严厉。翠梅很小心地伺候。有时候应对迟慢了一点,陈氏就常常打她的耳光。后来陈氏的年纪大了,家境也逐渐败落,可是不好的脾气依旧没有改,翠梅也从来没有一点怨恨的颜色。有人觉得她非常奇怪,就去问她道,你也有丈夫,也有儿子,为什么不回到自己的家里去,反而情愿受着虐待呢?翠梅回答道:我幼小就受了他家里养育的恩典,现在见了她家里穷了,就丢了她去,这是不义的行为呵!也有人对翠梅说:她这样的虐待你,你对她还有什么留恋呢?翠梅说:她行她的法子,我尽我的心肠。劝她的人,听了这种说话也觉得很惭愧,心里非常的佩服他。后来陈氏死了,入殓安葬种种事务,都是翠梅替她家经营的。

◎ "不讲义气"的梁启超

袁世凯对梁启超有知遇之恩。早在1898年戊戌变法失败后，康有为、梁启超等人为躲避缉捕，被迫流亡日本。直到1912年，袁世凯当上民国大总统后，主动邀请远在日本的梁启超回国参政，梁启超才结束了流亡生涯。

1915年9月，作为中华民国大总统的袁世凯，权力虽已达到了顶峰，但他并不满足，又开始觊觎皇帝宝座。他唆使幕僚美国人古德诺抛出了《共和与君主论》，污蔑共和体制是政治乱局的根源，鼓吹只有君主制才能救中国，胡诌什么中国人需要一个皇帝。

梁启超早就看出了袁世凯的野心，他直截了当地指出："如果复辟，就是叛国"。为了驳斥袁世凯的复辟图谋，梁启超写出了脍炙人口的文章《异哉所谓国体问题者》，毫不留情地揭穿了袁世凯的复辟野心。袁世凯获知消息，十分恐慌，急忙派人以给梁的父亲做寿礼名义送给梁启超二十万大洋，恳请梁启超高抬贵手，不要在报上发表这篇文章。结果，梁启超严词拒绝了这一请求。

袁世凯见拉拢不成，就采取恐吓的伎俩，逼其就范。他派人告诉梁启超："你流亡国外十几年，那种艰苦的滋味想必早已尝够了，现在好不容易过上好日子，何必自找苦吃呢？"顺我者昌，逆我者亡，袁世凯亮出了底牌。面对威胁，梁启超毫不畏惧，从容笑答："我已经是流亡的经验家了，再流亡一次简直轻车熟路。"梁启超毫不留情面，他把《异哉所谓国体问题者》这篇文章发表在《大中华》月刊上，其余各报迅速转载，读者争相购买，一时间洛阳纸贵。

1916年1月1日，袁世凯不顾国人的反对，恢复帝制，上演复辟闹剧。梁启超联合蔡锷将军，发起了讨袁护国战

争，其余各省迅速响应，纷纷宣布独立，反对帝制。袁世凯仅做了83天皇帝，就被迫宣布"退位"，不久一命呜呼。

对袁世凯来说，梁启超是有点不够哥们"义气"；对国家来讲，梁启超敢于不讲情面，坚决反对袁世凯称帝，这是值得尊敬和赞扬的。

延伸阅读1

成语故事

◎ 义不容辞

【解释】容：允许；辞：推托。道义上不允许推辞。

【成语故事】

东汉末年,曹操率30万大军直取江南。东吴孙权听到这个消息后,急忙召集将领们商议对策。谋士张昭建议,立即发信给荆州的刘备,让他和我们联合起来抗击曹操。因为刘备是我们东吴的女婿(刘备的妻子是孙权的妹妹),援助我们抗曹是他义不容辞的。刘备见信后找诸葛亮商量。诸葛亮说,曹操新近杀了西凉太守马腾,所以只要派人去联络马腾的儿子马超,让他带兵入关,就能叫曹操无法再来进攻江南了。这个成语意思是在道义上是不允许推辞的。

◎ 见利忘义

【典故】夫卖友者,谓见利而忘义也。

《汉书·樊郦滕灌傅靳周传》

【解释】见到有利可图就不顾道义。

【成语故事】

汉高祖死后,吕后专权,对娘家的人封王封侯,排斥异己,诛杀功臣。不久,吕后也死了,她在遗诏中指定内侄吕产为相国,吕禄统领京都禁卫军。吕氏家族掌权,激起一批功臣不满,太尉周勃与丞相陈平密议对策。他们巧使妙计,把吕党要人郦寄争取过来,由他去说服吕禄,把兵权还给周勃。

这时,大将军灌婴联合齐王刘襄等刘家军,回京师欲诛吕氏家族。郦寄与吕禄本是知交,吕禄听了郦寄的话,终于把北军归周勃指挥。前相国曹参的儿子曹窋又配合朱虚侯刘章控制了南军,在未央宫杀死了吕产。其余吕氏大官,也都被周勃派人抓获,一一斩首。吕氏势力全被消灭后,周勃、陈平等大臣迎立代王刘恒为帝,就是汉文帝。在诛吕这场斗争中,郦寄也出了力,所以袭父爵为曲周侯,但舆论说他出卖朋友。《汉书》记载说:夫卖友者,谓见利而忘义也。作者班固认为郦寄不属于见利忘义。成语见利忘义,指看到有利可图就忘掉了道义。

◎ 义无反顾

【典故】触白刃，冒流矢，义不反顾，计不旋踵。

汉·司马相如《喻巴蜀檄》

【释义】义：道义；反顾：向后看。从道义上只有勇往直前，不能犹豫回顾。

【成语故事】

司马相如是位才子，会击剑抚琴，但最擅长的是写诗作赋。因此汉武帝很赏识他，让他在自己身边做官。这时正赶上唐蒙在修治西南蜀道。由于他征集民工过多，又杀了他们的首领，引起了巴蜀人民的惊恐和不安，发生了骚乱。汉武帝知道了这件事情，便让司马相如去责备唐蒙，并且让他写一篇文告，向巴蜀人民作一番解释。

司马相如在文告中说："调集民夫、士兵修筑道路是应该的，但是惊扰了长老、子弟并不是陛下的意思。有人不晓得国家的法令制度，惊恐逃亡或自相残杀是不对的。士兵作战的时候，应该迎着刀刃和箭镞而上，绝不容许回头看，宁可战死也不能转过脚跟逃跑。你仍应该从长计议，急国家之难，尽人臣之道……"

司马相如将这件事完成得很好，修路的工程的顺利地进行了。汉武帝非常高兴，又拜司马相如为中郎将。

◎ 天经地义

【解释】经：规范，原则；义：正理。天地间历久不变的常道。指绝对正确，不能改变的道理。也指理所当然的事。

【成语故事】

公元前520年周景王姬贵死后，按习俗由他正夫人所生的世子姬敬继位。但是，景王生前曾与大夫宾孟商讨过，打算立非正夫人所生的长子姬朝为世子。这样，姬朝也有资格继位。于是，周王室发生了激烈的王位之争。

在这种情况下，晋顷公召集各诸侯国的代表在黑壤盟，商讨如何使用王室安宁。参加商讨的有晋国的赵鞅，郑国的游吉、宋国的乐大心等。

会上，晋国的赵鞅向郑国的游吉请教什么叫"礼"。

游吉回答说："我国的子产大夫在世时曾经说过，礼就是天之经，地之义，也就是老天规定的原则，大地施行的正理！它是百姓行动的依据，不能改变，也不容怀疑。"

赵鞅对游吉的回答很满意，表示一定要牢记这个道理。其他诸侯国的代表听了，也大都表示有理。

接着，赵鞅提出各诸侯国应全力支持敬王，为他提供兵卒、粮草，并且帮助他把王室迁回王城。

后来，晋国的大夫率领各诸侯国的军队，帮助敬王恢复王位，结束了周王室的王位之争。

◎ 大义灭亲

【解释】大义：正义，正道；亲：亲属。为了维护正义，对犯罪的亲属不循私情，使受到应得的惩罚。

【成语故事】

春秋时期，卫庄公有个儿子名叫州吁，因是庄公爱妾所生，格外受到庄公的宠爱，以致于养成目中无人、骄横自大的个性。当时，卫国的石碏（què）大夫也有一个儿子，名叫石厚，经常与州吁在一起游玩。石碏屡次劝告儿子不要与州吁在一起，他始终不听，依旧我行我素。

卫庄公死后，卫桓公（州吁之兄）即位。卫桓公十六年，州吁在石厚的帮助下杀兄夺位，石厚有功而被封为上大夫。本来二人以为会有享不尽的荣华富贵，不料，州吁却因杀兄夺位的恶行导致众叛亲离、王位不稳。于是他与石厚商量对策。石厚说："我父亲石碏在任的时候，人人敬服他，我们请他来辅佐吧！"

于是，州吁派石厚带着贵重的礼物去请已经告老还乡的石碏上任。石碏早已知晓他俩合谋篡位之事，推托有病，坚决不肯入朝。州吁无可奈何，只得再命石厚去向石碏求取稳定王位的妙策。石碏对其杀兄夺位非常愤怒，便施用了一个计谋。他对儿子说："只要周天子许可州吁当国君，其他人就一定会服从。"石厚说："就怕周天子不答应，请问谁能够向周天子说情呢？"石碏就说："陈桓（huán）公治国有方，又与周天子关系要好。你到陈国请求陈桓公出面帮助，一定会马到成功。"

石碏暗中写信给在陈国当大夫的好友，请求他协助自己为民除害。这位好友立即将详情告诉了陈桓公。待做着美梦的州吁和石厚刚一到陈国，陈桓公就下令将他们逮捕，并当众宣读石碏的来信。州吁和石厚此时才知中了石碏的

计，但为时已晚。

陈桓公下令将州吁和石厚关押起来，并派使者告诉了石碏。石碏和众大夫商议决定马上派人到陈国将两人处死。有位大夫说："州吁杀兄夺位，罪大恶极，我愿亲手处死他。但石厚是您的儿子，并且只是从犯，应该从宽处理。"石碏却说："州吁干的坏事，大都是石厚谋划的。你们不杀他，我亲自去动手。不杀石厚，恐怕难安民心啊。"几个家臣不愿看到年老的主人旅途劳顿，便代主人到陈国去，杀了石厚。

当时百姓赞扬说："石碏为了国家大义而忍心杀死为非作歹的儿子，他是一个纯正的人。"

这便是成语"大义灭亲"典故的由来。——《左传·隐公四年》

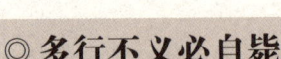

◎ 多行不义必自毙

【释义】坏事干多了，结果是自己找死。

【语出】先秦·左丘明《左传·隐公元年》："多行不义，必自毙，子姑待之。"

【成语故事】

春秋时期，郑国君王郑武公有两个儿子，一个称"庄公"，一个称"共叔段"。

郑武公死后，由他的大儿子郑庄公继位。可是庄公的弟弟共叔段在偏爱他的母亲姜氏的支持下，竭力扩充自己的封地，积极进行夺取王位的准备工作。

郑庄公的大臣祭仲知道后，力劝庄公，说："君王要及早安排啊，共叔段的势力已经很强了，再这样下去，您的王位会被他篡取的！"

庄公听了，却道："多行不义必自毙，子姑待之。"意指：一个人若不仁义的事情做多了，必定会自取灭亡，你就等着吧！

果真，共叔段的势力在不断扩大，将郑国的西、北部边境招于自己门下，直至廪延。同时，他在不停地修筑城池、屯田积兵，并让其母亲姜氏里应外合，攻下郑都。

庄公早有防备，趁共叔段进军郑都时，出奇兵攻其窝穴。长久受共叔段压迫的农民们也参与战斗，使共叔段兵败，逃亡他处，而庄公出军追杀，最后使共叔段走投无路，被迫自杀。

◎ 断章取义

【解释】断，截取；章，篇章。指不顾全篇文章或谈话的内容，孤立地取其中的一段或一句的意思。指引用与原意不符。

【出处】断章取义，出自《左传·襄公二十八年》："赋诗断章，余取所求焉。"

【成语故事】

春秋时期，齐国的大夫崔杼和庆封合谋杀了齐庄公，改立杵臼为君，史称齐景公。齐景公封崔杼为右相，庆封为左相。

庄公有两个忠诚的卫士，一个叫卢蒲癸，一个叫王何，在庄公遇害后都逃往国外。卢蒲癸在出逃前嘱咐弟弟卢蒲嫳说："我出逃后，你要设法取得崔杼和庆封的信任，在适当的时机叫我回国，到时为庄公报仇。"

卢蒲癸走后，卢蒲嫳不负所嘱，当上了庆封的家臣。他很快发现，庆封名为左相却毫无实权，便利用崔杼几个儿子争夺继承权的矛盾，杀了崔杼一家，崔杼也自缢身亡。从此，大权便全落到庆封手里。

庆封感激卢蒲嫳，对他十分宠信。不久，庆封迷恋上了一个女子，把国政全部交给儿子庆舍。

卢蒲嫳极力劝说庆封，要他召回卢蒲癸，庆封答应了他。卢蒲癸终于回国，做了庆舍的侍卫。卢蒲癸勇猛过人，又故意奉承庆舍，很得庆舍的赏识，庆舍把自己的女儿庆姜嫁给了他。不久，卢蒲癸又说服庆舍召回王何，和他一起当侍卫。从此，卢蒲癸和王何加紧秘密活动，联络对庆氏不满的人，准备诛灭庆氏，为庄公报仇。

卢蒲癸的妻子庆姜见丈夫行动诡秘，问他在干些什么。卢蒲癸便把准备杀灭庆氏，为庄公报仇的事说了。庆姜很识大义，表示愿意帮助丈夫完成这一义举。

庆姜说到做到。卢蒲癸选在庆封出猎的那一天行动，庆姜说服父亲随同齐景公一起到太庙行祭礼，以便卢蒲癸等下手。举行祭礼时，卢蒲癸和王何突然执戈猛刺庆舍，庆舍垂死挣扎，用酒壶砸死了王何，卢蒲癸又领兵杀尽庆氏余党。庆封在出猎途中得到这个消息，带着出猎的士兵回来攻城，但城中防守严密，无法攻克，他只得逃到鲁国去了。

事后，有人问卢蒲癸说："庆氏和卢氏都是姜氏的后裔，你怎么会娶同宗的庆姜为妻呢？"

卢蒲癸回答说："庆舍不避同宗，要把女儿嫁给我，我为什么要避开呢？就像有人对《诗经》断章取义，来表达自己的意思，我也只取我所想要的，管什么同宗不同宗呢？"

现代成语中，"断章取义"是指不顾全篇文章或谈话的内容，孤立地取其中的一段或一句的意思，指引用与原意不符。

◎ 绨袍之义

【出处】《史记·范雎蔡泽列传》载：尚有绨袍赠，应念范叔寒。

【释义】绨袍：粗绨做的袍子。比喻不忘旧日的交情。

【成语故事】

范雎随魏国中大夫须贾出使齐国，须贾怀疑他通齐，回国后报告魏相。范雎含冤被打伤，改名张禄逃到秦国当上宰相。后来须贾出使秦国，范雎扮作穷人去见他。须贾见状就送他一件绨袍，待发现他是秦相时吓得一再谢罪。范雎没有杀他。

◎ 义形于色

【典故】孔父可谓义形于色矣。

《公羊传·桓公二年》

【释义】形：表现；色：面容。仗义不平之气在脸上流露出来。

【成语故事】

魏文帝称帝，陈群面带愁容，文帝问他："朕顺应天命即位，你为什么不高兴？"陈群回答说："臣和华歆铭记先朝，现在虽然欣逢盛世，但是怀念故主恩义的心情，还是不免要流露出来。"

◎ 顾名思义

【典故】 欲使汝曹顾名思义，不敢违越也。

《三国志·魏书·王昶传》

【解释】 顾：看；义：意义，含义。从名称想到所包含的意义。

【成语故事】

在古代，大多数人尤其是当官的人和读书人既有"名"又有"字"，有些人除了"名""字"之外还有"号"。所谓"名"，即个人在社会上所使用的符号。"字"则是"名"的解释和补充，它与"名"互为表里，因而古人又称其为"表字"。从《礼记·檀弓上》一书中可以知道，在古代，"名"是一个人小的时候起的，主要是供长辈称呼。长大之后，男子到了二十岁，要举行"结发加冠"之礼，这标志着本人已经成年，从此进入社会，这时就要取字；而女子长大后也要离开父母的家而嫁人，未许嫁的叫"未字"，也叫"待字"，等到十五岁要举行"结发加笄"之礼，以示可以嫁人了，这时也要取字。

在上古时期，人们的名字一般都很朴实，如夏、商两代留下的名人有孔甲、盘庚、外丙、武丁、小辛等，都以干支命名，这可能与当时重视时辰的观念有关。随着社会的进步，人的名字也越来越复杂，甚至代表了一个人立身处世的行为准则。因而，古人往往对名字的内涵慎重考虑。关于这点，我们可以从汉末王昶为儿子与侄子起名的故事上得到印证。

王昶，字文舒，山西太原人。他开始时担任主管皇帝衣着的典衣官，后来又担任洛阳的典农官，主要任务是督导百姓开垦荒地。王昶为官期间，一直关心国家大事，他曾经写了二十多篇《治论》和十几篇《兵书》呈送朝廷，表明自己的治国主张。

王昶是个十分有修养的人,他提倡谦虚、诚实,反对骄傲、虚伪。他要求儿子学习当时北海人徐伟长不慕虚名、淡然自守的品格,学习乐安等谦逊与内省的长处。为此,他给侄子与儿子起名与字时,都颇费心思。

王昶给大侄子起名为默,字处静;二侄子名沉,字处道;给大儿子起名为浑,字玄冲;二儿子名深,字道冲。王昶还写文章告诫他们说:"我给你们起的名和字,是想让你们懂得,为人处世要遵循孔子和孟子的教诲,实现老子和庄子的主张。所以就以'玄默冲虚'这些圣贤的基本理念做你们的名字。想让你们看到名字,就想到这些做人的道理,不敢违背。古时候,人们盛东西的器物以及几案、手杖上都有铭文或诫言,随时可以看到,从而规范自己的行为,不犯或少犯错误。铭文和诫言尚且如此,更何况自己的名字,能不顾名思义、引为借鉴吗?"

◎ 灌瓜之义

【解释】灌：浇灌；惠：恩惠。比喻以德报怨，不因小事而引起纠纷。

【成语故事】

传说古代梁国与楚国边境都种了很多瓜，楚人忌妒梁人瓜种得好，乘天黑把梁人的瓜全都毁了。梁人没有报复，在县令宋的带领下，夜间去给楚人浇瓜，楚人的瓜长得一天比一天好。楚王听说后，以重金相谢，并表示以后长期修好。

◎ 义重恩深

【典故】事出非常,荣加望外,恩深义厚,何以克堪;糜躯粉骨,不知所报。

唐·吕颂《代郭令公谢男尚公主表》

【释义】恩惠、情义极为深重。

【成语故事】

春秋末年,吴国军队攻入楚国都城,楚国大夫钟建背着楚子收的妹妹季芈,跟着楚昭王出逃。后来战争平定后季芈为了报答钟建的恩德毅然下嫁给他,两人婚后的生活美满。

◎ 舍身取义

【典故】生,亦我所欲也,义,亦我所欲也。二者不可得兼,舍生而取义者也。

战国·邹·孟轲《孟子·告子上》

【释义】舍:舍弃;身:生命;取:求取;义;正义。指为正义而牺牲生命

【成语故事】

春秋末期,大夫赵襄子杀了大夫智伯。智伯的心腹豫让发誓舍身取义要杀赵襄子,他潜入赵襄子的宅内行刺未遂。赵襄子佩服他的义气放了他。后来他把全身漆成癞子,吞下烧红的炭使声音变哑,再次去行刺未遂而自杀。

◎ 轻财重义

【典故】股肱宰臣,身行俭约,轻财重义,较然著明。

　　　　汉·元王皇后《赐公孙弘子孙当为后者爵诏》

【释义】指轻视财利而看重道义。

【成语故事】

三国时期,吴国别部司马凌统统领父亲凌操生前的军队,他亲贤接士,轻财重义,有国士之风。在与都督陈勤等喝酒时,陈勤暴戾任性,借醉酒侮辱凌统,凌统忍无可忍杀了他。一次战斗中凌统立下大功,孙权让他将功赎罪。

◎ 不义之财

【典故】 不义之财，非吾有也，不孝之子，非吾子也。

汉·刘向《列女传·齐田稷母传》

【释义】 不义：不正当，不合理。不应该得到的或以不正当的手段获得的钱财。

【成语故事】

古代齐国宰相田稷子把下官送给他的一些黄金孝敬给母亲，母亲觉得奇观问他做了三年宰相就有这么多俸禄，难道就没有开销了？田稷子只好如实回答，其母告诫他作为士大夫应该修身养性，不能贪这些不义之财。田稷子立即把黄金一一退回。

◎ 见义勇为

【典故】见义不为,无勇也。

《论语·为政》

【释义】看到正义的事,就勇敢地去做。

◎ 三谏之义

【释义】指事君之正道。

【典故】戎将侵曹,曹羁谏曰:'戎众以无义,君请勿自敌也。'曹伯曰:'不可。'三谏不从,遂去之,故君子以为得君臣之义也。

《公羊传·庄公二十四年》何休注引孔子曰:"所谓大臣者以道事君,不可则止,此之谓也。"

【成语故事】

春秋时期,北方的戎国将要侵略曹国,曹伯想亲自去迎敌。曹羁进谏说:"戎国人最不讲道义,国王您不能亲自去迎战。"曹伯说不行。曹羁进谏三次之后,尽到做臣子的道义之后就离开。后来曹军被戎狄打败。

延伸阅读2

端午节
习俗背后的忠义故事

中国很多节日都有其来源和典故,有的节日则是多个典故合起来在一天举行,譬如端午节,要插艾草,要吃粽子、划龙舟,还要佩戴漂亮的香包。这些习俗各有各的典故,因为都发生在五月份,所以把它们合在端午节那天一起来举行。

端午盛夏的开端

先说"端午"这两个字,"端"是开端、开始,"午"就是炎热的夏天,午时是11:00-13:00之间,是一天里最盛热的时候,端午则是一年之中最盛热时候的开端,也就是盛夏的开端。

端午时分,春天的气息已经一扫而空,但还没有真正感觉到夏天的味道。现在全球气候暖化,我们很早就不用穿外套了,古人到端午才全部脱掉外套。

戴香包驱瘴辟邪保平安

端午时节,天气渐热,大自然里很多东西

容易腐败，产生瘴疠之气，侵蚀人们的健康，所以，古人就会用些药草（譬如雄黄）来驱瘴辟邪。药草虽然可以驱邪气，但气味难闻，人们就加很多香料做成小香包，以掩盖难闻的味道。到了端午，父母会为小孩发放香包，先生要出门，太太也会给他戴上一个。小小的香包里面，承载着平安健康的美好祝福，人们会把它戴在身上一段时间，而不是只在端午节这一天佩戴。戴香包的习俗就是这样来的。

插艾草忠肝义胆传后世

端午节，家家户户的门上都插着艾草，其实艾草还有一个名称叫做"走黄巢"，意思就是避开黄巢，这个典故要追溯到唐朝末年唐僖宗年间发生的"黄巢之乱"。

"黄巢之乱"为首的人叫黄巢，他因为社会乱象而起义，投入起义之后却让社会更乱，虽然打着有志之士的名号，最后却沦为乱世的祸首。当时人们听到黄巢的名字都闻风色变，怕得要死。黄巢的军队所向披靡，有一年端午节前后，攻打到河南邓州，准备要攻城。这一天，他去勘察地形，穿着洁净的素服，骑着白马，风度翩翩。来到一个村庄，看到男女老少正在慌慌张张地蜂拥出逃。人群里面有一个妇人很特殊，她背上背着一个年纪大点的孩子，手上牵着一个年纪比较小的孩子。正常都应该让大的步行，把小的背起来呀，而这个妇人却完全相反。

黄巢看了很纳闷，他虽然杀人不眨眼，但也有恻隐心，他看着年纪小的明明走不动还被拖着走，大的却被背着，就想要为小的仗义执言，于

是就问这个妇人:"你为什么要背大的小孩,让小的走路呢?"

妇人说:"我背的这个孩子五岁了,是我大伯的小孩。大伯被征召去战区打仗,不幸身亡,孩子的母亲得了重病快要死了,就把孩子托付给我,我受重托有责任把他给照顾好。我手上牵的是自己的小孩,不得已只能牵着。万一不测只能照顾一个,我宁可牺牲自己的小孩也要延续大伯的命脉。"黄巢一听:"那如果你的孩子走丢了,你怎么办呢?你跟孩子分开不伤心吗?"妇人回答:"如果我的孩子走丢了,我还可以再生。跟自己孩子分开当然会伤心,可是我受人之托,要忠人之事。"黄巢听了非常感动,竟有这样有爱心、忠肝义胆的妇人,宁可牺牲自己的儿子也要去成全别人的命脉。他非常感动,就跳下马来问:"为什么一群人都往外跑?"妇人说:"你不知道黄巢要来了吗?难道你不怕吗?听说黄巢眉毛一边高、一边低,鼻孔朝天、青面獠牙,你也赶快跑吧!"黄巢笑着回答:"我正是黄巢!你真是让我感动,我不杀你,也不杀无辜。"正好旁边地上都是艾草,黄巢就从地上拔起艾草,放在妇人的手心上说:"你赶快回去,把这把艾草插在家门口,我会交代我的军队,只要看到门口有插艾草的那一户人,绝对不杀。"再坏的人也有恻隐心,黄巢本已杀人无数,哪里会在意多杀几个,但是他实在是被妇人忠肝义胆的行为感动了,就与妇人做出这样的约定。

黄巢走了,妇人也回去了。她这么有爱心,哪里肯只救自己!于是马上把这消息告知左邻右舍,让大家赶快拔艾草,一时之间全村的艾草全

被拔光，家家户户的门上都插了一把。

等到黄巢的军队攻过来以后，他再度来到这个村庄，看到全村门上都插着艾草，他再次被打动了！这个妇人不只是为了救大伯的一个小孩，她还宁可牺牲自己去救全村庄的人。他说："这样有爱心的一个人住在这里，这个村庄都不能杀。"就领兵而回，等于是一个妇人感动了黄巢，救了全村庄的人。此事刚好发生在端午前后，为了纪念这个妇人的德泽，学习她"受人之托，忠人之事"的忠肝义胆，后来就延续了这个行为，每到端午就在门上挂起艾草辟邪。为什么说辟邪？邪指的是黄巢，他被人们视为妖魔，所以艾草也被叫做"走黄巢"。

人们说门口插了艾草就可以辟妖魔，其实真正的妖魔哪里会怕一棵小小的艾草？古人很聪明，他们真正要教的是忠肝义胆，要教的是怎样受人之托、忠人之事，既然这个故事跟艾草有关，就把艾草挂到门上去，说这样可以辟邪。

吃粽子、划龙舟千载怀古忆屈原

1953年，在芬兰首都赫尔辛基颁布了四位世界级的文化名人，其中一位就是中国的屈原。

屈原才华洋溢，他不只是楚国的政治家，还留下了很多优秀的文学作品，其中最著名的就是《离骚》，后人将其与《诗经·国风》并称为"风骚"。把屈原的诗拿来跟《诗经》比配，可见屈原写诗的功力。屈原本名叫平，字原，战国时期楚国贵族出身，先人做过楚王。他很有才学，既明于治国之道，又很善于辞令，所以早年很受楚怀王宠幸，官至左徒，官阶非常高，可以跟楚王共商治国大计。当时是战国末期，秦国已经很强势，他辅佐楚怀王的时候，主张对内变法图强，对外联合齐国来抗秦，这样楚国才有生存的希望，不然一定会被秦国并吞。屈原很受重用，因此被同朝大夫嫉妒、排挤，后来遭遇诬陷，楚怀王就疏远了他。楚怀王十五年，秦国的张仪由秦至楚进行游说，以重金买通了楚国的靳尚、子兰、郑袖充当内奸，同时又说要献六百里地给楚王，骗得楚王跟齐国断交了。这一断交对于有远见的屈原来说非常严重，简直就是秦国要吃掉楚国的第一步，楚王竟然听信了几个早已被收买的佞臣。他是个忠臣，只能诤谏，但一个人无法对抗这么多献媚取乐君王的佞臣，结果楚王对他越来越疏远。后来，楚王发现被秦国欺骗，恼羞成怒，就向强大的秦国出兵，此时齐国没有施予援手，致使楚国惨败。于是，楚王又重新启用屈原，派他出使齐国，商谈两国如何联合。在屈原的努力下，齐楚渐渐重修旧好。然而，张仪又一次从秦国来到楚国，要瓦解齐国跟楚国的联盟，并成功使得齐国跟楚国交恶。楚怀王二十年，秦楚签订盟约，楚国彻底投入了秦国的怀抱。屈原极力反对，结果被怀王赶出去了。后来秦楚武关相会时，楚怀王被秦王扣留直到客死他乡。可见当时屈原一直努力争取的方向都是对的，他的言行都非常爱国，却一次一次被流逐。楚襄王继位后，竟然继续怀王的政策，投降秦国，再也不任用屈原了！屈原被驱逐流放，颠沛流离，郁郁不得志。楚襄王二十一年，秦将白起攻破了楚国的首都郢城，灭了楚国，屈原非常悲愤，在农历的五月初五投汨罗江而死！自杀不好，但是屈原为

什么要投江？他想表达"国都破了，我要与国同进同亡，国兴我兴，国亡我亡"，并不是为哪一个人殉职。他也不是哀怨"我前面都做对了，为什么君王们都没有看到"，就像一个爱国的战士，代表国家去出征、去保卫疆土，虽没有成功，但他坚守到最后一刻英勇战死！屈原就是这种忠肝义胆的心迹。他预见到，接下来秦王执政将非常残暴，他不愿当秦国的子民跟暴君共事。既然天下皆醉唯我独醒，那活着还有什么意义呢？他怀着必死的决心，抱着石头投汨罗江自尽了。

屈原投江后，百姓很伤心，这样爱国的好人去哪里找呢？百姓心疼他，就赶快驾着船，给江里投了很多食物，想让鱼虾都来吃食物，不要伤害屈原的尸体。为了寻找屈原，每条船都划得很快，船上面都在往江里抛食物。

后来，为了纪念屈原的忠肝义胆、一心为国，人们就开始在每年的端午节这一天吃粽子、赛龙舟，但是赛龙舟的时候，我们要告诉子孙为什么要比赛、为什么要划这么快！在赛龙舟的时候，我们要怀着急于救屈原的心情。如果是为了奖杯而划，意义就变了。祭祀的时候往水里丢粽子、端午节吃粽子，都是为了纪念他至死不渝的爱国情操，这才是端午节之所以划龙舟和吃粽子的由来。

经典诵读

1. 见义不为,无勇也。

——《论语·为政》

【大意】见到合乎道德应该做的事而不去做,就是没有勇气。

2. 义之所在,不倾于权,不顾其利。

——《荀子·荣辱》

【大意】对于道义,不能因为权势而动摇,不能因为利益而有所顾忌。

3. 义,志以天下为芬。

——《墨子·经说上》

【大意】义,就是立志把天下的事作为自己分内的事。

4. 生亦我所欲也,义亦我所欲也;二者不可得兼,舍生而取义者也。

——《孟子·告子上》

【大意】生命是我想拥有的,道义也是我想拥有的;如果不能两样都拥有,我就舍弃生命而坚持道义。

5. 临难毋苟免。

——《礼记·曲礼上》

【大意】在灾难与危险面前,不要苟且偷生而失去做人的气节。

6. 见利思义。

——《论语·宪问》

【大意】看到货财,要想到道义。

7. 见危致命，见得思义。

——《论语·季氏》

【大意】遇见危险时能献出自己的生命，看见有利可得时能考虑是否符合义的要求。

8. 先义而后利者荣，先利而后义者辱。

——《荀子·荣辱》

【大意】把义放在首位然后取利的为荣，把利放在首位而后才求义的就是辱。

9. 君子义以为质，得义则重，失义则轻，由义为荣，背义为辱。

——陆九渊《与郭邦逸》

【大意】君子的本质正在于道义，遵从道义的别人尊重，丧失道义的别人轻视，以奉行道义为光荣，以背信弃义为耻辱。

10. 君子之自行，动必缘义，行必诚义。

——《吕氏春秋·高义》

【大意】君子在品行上自我要求，有举动一定遵循道义，做事情一定忠实于道义。

11. 君子喻于义，小人喻于利。

——《论语·里仁》

【大意】君子明白的是道义，小人明白的是利益。

12. 义之法在正我，不在正人。

——董仲舒《春秋繁露·仁义法》

【大意】行义之法，首要的应该是匡正我自己，而不是匡正别人。

13. 义以生利，利以丰民。

——《国语·晋语》

【大意】用义来生义，用利来使百姓富足。

14. 义者，心之养也；利者，体之养也。

——董仲舒《春秋繁露·身之养重于义》

【大意】义是心灵的养分；利是身体的养分。

15. 路漫漫其修远兮，吾将上下而求索。

——屈原《离骚》

【大意】前方的道路还很漫长，但我将百折不挠，不遗余力地去追求和探索。

16. 长太息以掩涕兮，哀民生之多艰。

——屈原《离骚》

【大意】我长叹一声啊，止不住那眼泪流了下来，我是在哀叹那人民的生活是多么的艰难。

17. 不为穷变节，不为贱易志。

——桓宽《盐铁论·地广》

【大意】不因为贫穷而改变气节，不因为地位低下而改变志向。

18. 宁为玉碎，不为瓦全。

——《北齐书·元景安传》

【大意】宁做玉器被打碎，不做陶器得保全。

19. 苟利社稷死生以之。

——《左传·昭公四年》

【大意】如果有利于国家，那么我愿意用生命去换取。

20. 苟利国家，不求富贵。

——《礼记·儒行》

【大意】只希望对国家有利，而不追求个人富贵。

21. 不义而高且贵，于我如浮云。

——《论语·述而》

【大意】干不正当的事而得富贵，对我就像浮云。

22. 临患不忘国,忠也。

——《左传·昭公元年》

【大意】在患难的时候不忘记国家,就是忠诚。

23. 捐躯赴国难,视死忽如归。

——曹植《白马篇》

【大意】为了解除国难献身,把死亡看作回家一样。

24. 烈士之爱国也如家。

——葛洪《抱朴子·外篇·广譬》

【大意】有抱负有作为的人,爱国就像热爱自己的家一样。

25. 位卑未敢忘忧国。

——陆游《病起书怀》

【大意】虽然自己地位低微,但是不敢忘掉忧国忧民的责任。

26. 常思奋不顾身,以殉国家之急。

——司马迁《报任安书》

【大意】常常想着在国家危难的时候,自己能够为了国家发奋向前,甚至不顾自己的生命。

27. 人生自古谁无死,留取丹心照汗青。

——文天祥《过零丁洋》

【大意】自古以来,人终不免一死!但死得要有意义,倘若能为国尽忠,死后仍可光照千秋,青史留名。

28. 志士仁人,无求生以害仁,有杀身以成仁。

——《论语·卫灵公》

【大意】那些有志向、有仁德的人,没有为了谋求生存而损害仁德的,只有献出自己的生命来成就仁德的。

29. 不降其志,不辱其身。

——《论语·微子》

【大意】不降低自己的志向，不辱没自己的身份。

30. 三军可夺帅也，匹夫不可夺志也。

——《论语·子罕》

【大意】一国军队，可以使它丢失主帅；但一个男子汉，却不能强迫他放弃志向。

31. 以修身自强，则名配尧禹。

——《荀子·修身》

【大意】通过品德修养达到自强，则名声可与古代圣贤尧、禹齐名。

32. 穷则独善其身，达则兼济天下。

——《孟子·尽心上》

【大意】不得志时独善其身，显达时兼善天下。

33. 人固有一死，或重于泰山，或轻于鸿毛。

——司马迁《报任安书》

【大意】人本来都要死，有的人的死比泰山还重，有的人的死比鸿毛还轻。

34. 俭节则昌，淫佚则亡。

——《墨子·辞过》

【大意】节俭就会昌盛，享乐就会败亡。

35. 公家之利，知无不为，忠也。

——《左传·僖公九年》

【大意】对诸侯国家有利的事情，只要知道了就没有不去做的，这就是忠诚。

36. 眼前多少难甘事，自古男儿当自强。

——李咸用《送人》

【大意】眼前有多少不如意事，男儿从来要自强自立。

37. 富贵不能淫，贫贱不能移，威武不能屈。

——《孟子·滕文公下》

【大意】（大丈夫）不受富贵诱惑，不为贫贱动摇，不为武力屈服。

38. 天行健，君子以自强不息。

——《周易·乾》

【大意】天道运行刚劲雄健，君子应勉力向上，永不松懈。

39. 出污泥而不染，濯清涟而不妖。

——周敦颐《爱莲说》

【大意】荷花虽然生长在淤泥里都不被淤泥污染，经过清水冲洗却不妖艳。形容保持的本性，不随波逐流放任自己。

40. 天下兴亡，匹夫有责。

——顾炎武《日知录·正始》

【大意】国家的兴盛、灭亡，每一个老百姓都有义不容辞的责任。

41. 士志于道，而耻恶衣恶食者，未足与议也。

——《论语·里仁》

【大意】读书人有志于学习圣人的道理，但又以自己吃穿的不好为耻辱，这种人是不值得与他谈论的。

42. 志当存高远。

——诸葛亮《诫外生书》

【大意】人应当怀抱高远的志向。

43. 名节重泰山，利欲轻鸿毛。

——于谦《无题》

【大意】把名节看得比泰山还重，把利欲看得比鸿毛还轻。

44. 率义之谓勇。

——《左传·哀公十六年》

【大意】遵行道义，就叫做勇。

45. 岁寒，然后知松柏之后凋也。

——《论语·子罕》

【大意】天冷了，才知道松柏是最后落叶的。

46. 朝闻道，夕死可矣！

——《论语·里仁》

【大意】早晨明白真理，晚上死去也很满足！

47. 勿以恶小而为之，勿以善小而不为。

——《三国志·蜀书·先主传》

【大意】不要以为坏事小就去做，不要以为好事小就不去做。

48. 胜人者有力，自胜者强。

——《老子》

【大意】战胜别人的人有力量，战胜自己的人才是强者。

49. 不怨天，不尤人。

——《论语·宪问》

【大意】不埋怨上天给的命运，不要遇到挫折就怨恨别人。

50. 人之所以为贵，以其有信有礼；国之所以能强，亦云惟信与义。

——张九龄

【大意】人之所以尊贵，是因为讲信用，知礼仪；国家之所以强大在于诚信和正义。

51. 忠孝不两全，先国后家可也。

——诸葛亮《资治通鉴》卷二百七

【大意】尽忠和尽孝不能兼顾时，先尽忠后尽孝也是可以的。

52. 志不强者智不达。

——《墨子·修身》

【大意】志向不坚定的人，智慧不会通达。

53. 时穷节乃见，一一垂丹青。

——文天祥《正气歌》

【大意】到了困难的时候才能体现出人的气节，而这些表现出气节的人每一个都能名垂历史。

54. 见利思义，见危授命，久要不忘平生之言。

——《论语·宪问》

【大意】看到利益便想起该不该得，遇到危险便肯付出生命，经过长久的穷困日子都不忘记平日的诺言。

55. 哀哀父母，生我劬劳。

——《诗经·小雅·蓼莪》

【大意】悲哀的父母，生儿养女太辛劳。

56. 一身报国有万死，双鬓向人无再青。

——陆游

【大意】为国家效力（征战）随时都有可能死，而两鬓的头发变白了就不能再变成以前的黑色了。